VOCABULARIO CONGO

(El Bantú que se habla en Cuba)

ESPAÑOL - CONGO
y
CONGO - ESPAÑOL

COLECCIÓN DEL CHICHEREKÚ

EDICIONES UNIVERSAL, Miami, Florida, 2000

LYDIA CABRERA

VOCABULARIO CONGO

(El Bantú que se habla en Cuba)

ESPAÑOL - CONGO
y
CONGO - ESPAÑOL

Edición revisada por Isabel Castellanos

Copyright © 2001 by Isabel Castellanos

Primera edición (Vocabulario Congo-Español), Miami, 1984

Segunda edición revisada y ampliada, 2001

EDICIONES UNIVERSAL
P.O. Box 450353 (Shenandoah Station)
Miami, FL 33245-0353. USA
Tel: (305) 642-3234   Fax: (305) 642-7978
e-mail: ediciones@ediciones.com
http://www.ediciones.com

Library of Congress Catalog Card No.: 93-73802
I.S.B.N.: 0-89729-708-3

Composición de textos: María C. Salvat-Olson
Diseño de la cubierta: Luis García Fresquet

Todos los derechos
son reservados. Ninguna parte de
este libro puede ser reproducida o transmitida
en ninguna forma o por ningún medio electrónico o mecánico,
incluyendo fotocopiadoras, grabadoras o sistemas computarizados,
sin el permiso por escrito del autor, excepto en el caso de
breves citas incorporadas en artículos críticos o en
revistas. Para obtener información diríjase a
Ediciones Universal.

A
Jorge Castellanos

ÍNDICE

Nota preliminar a la edición revisada 9

Prólogo (a la primera edición) 11

Primera parte
    Vocabulario ESPAÑOL - CONGO 19

Segunda parte
    Vocabulario CONGO - ESPAÑOL 153

NOTA PRELIMINAR
A LA EDICIÓN REVISADA

La primera edición de esta obra fue publicada en 1984. A diferencia de sus otros dos diccionarios afrocubanos (*Anagó: Vocabulario Lucumí* y *La Lengua Sagrada de los Ñáñigos*) Lydia Cabrera decidió organizar el *Vocabulario Congo* a modo de léxico español-congo; es decir, los términos castellanos aparecen listados en orden alfabetico, seguidos de sus equivalentes bantúes. Esta estructura limitó, a mi modo de ver, la utilidad del libro, ya que resultaba prácticamente imposible hallar la acepción española de vocablos congos empleados en frases, rezos y *mambos*.

Al agotarse la primera edición, Juan Manuel Salvat aceptó mi sugerencia de añadir al texto original un vocabulario congo-español. Por razones de espacio, en esta segunda parte no incluimos, en todos los casos, la información completa que aparece en la sección inicial. Los nombres científicos de las plantas y las descripciones exhaustivas de templos y tambores, por ejemplo, sólo se encuentran en el léxico español-congo y a él remitimos al lector. Aparte de la incorporación del vocabulario congo-castellano, tomado del propio texto de Lydia Cabrera, no se ha realizado ninguna otra modificación o revisión al libro, y tanto la dedicatoria como el prólogo son los originales.

Quiero expresar aquí mi reconocimiento y gratitud a María Luisa Ortega, estudiante de postgrado en el Departamento de Lenguas Modernas de la Universidad Internacional de la Florida, quien en tiempo *récord* y con la ayuda de su computadora --de su «ordenador», insiste ella en su acento castizo-- logró «virar al revés» el *Vocabulario* y producir un excelente borrador de la segunda sección de este libro.

Isabel Castellanos

PRÓLOGO

Mucho se ha escrito acerca de la obra narrativa de Lydia Cabrera y también sobre su labor etnográfica entre los negros de Cuba. Podemos decir, sin temor a exagerar, que sin su paciente trabajo de casi cinco décadas, nuestro conocimiento de la cultura afrocubana sería hoy limitadísimo. En el estudio sistemático de las religiones de origen africano Lydia, sin duda, abrió el camino. Aunque ella se resista a ser catalogada como antropóloga o etnógrafa, su obra investigativa se ubica dentro de la mejor tradición etnográfica. La etnografía intenta describir un universo desde dentro, visto, en lo posible, con los ojos de los participantes. La aspiración de Lydia, expresada en más de una ocasión, ha sido el enfrentar al lector con sus fuentes vivas de información. Su objetivo el ofrecer, sin intentos de interpretación, una particular visión del mundo, rica en historia y en poesía. Para ésto se ha valido de cualidades que todo buen etnógrafo debe poseer y que a ella le sobran: paciencia, disciplina, sensibilidad e imaginación.

Sus libros tienen la capacidad de sumergirnos, sin esfuerzo aparente, en realidades nuevas y maravillosas. Y por eso resulta fácil pasar por alto las dificultades de semejante empresa. En múltiples sesiones dedicadas a la tarea, grata para ambas, de hurgar entre las viejas fichas de su archivo, han caído en mis manos sus apuntes iniciales, repletos de dudas y signos de interrogación: testimonios ya borrosos del arduo proceso de adentrarse y apresar un cosmos. Es más, Lydia se adueña profundamente del mundo negro sin dejar de ser quien es. Comprensión implica trasformación pero no necesariamente conversión. Cuando escribí estas líneas pensaba en un penetrante ensayo de Octavio Paz sobre las barreras inherentes al trabajo etnológico. «La comprensión de los otros —dice— es un ideal contradictorio: nos pide cambiar sin cambiar, ser otros sin dejar de ser nosotros mismos».[1]

He insistido en lo difícil del proyecto que Lydia se propuso. Resulta asombroso que una sola persona, sin grabadoras ni asistentes, haya podido recopilar un material tan abundante y complejo. Ella, sin embargo, considera sus esfuerzos mera diversión. Posee, diría yo, el envidiable don de un espíritu lúdico. De ahí que prefiera no identificarse con la ciencia, casi siempre tan seria. ¿Resta ésto méritos a su obra? Por supuesto que no. «Los dioses —escribe, nuevamente, Paz— no trabajan, juegan; sus juegos son la creación y la destrucción de los mundos».[2] Y Lydia, como sus Orishas y Mpungos, al crear ríe o, por lo menos, sonríe.

Mucho menos conocida ha sido la contribución de Cabrera al estudio del complejo lingüístico de origen africano que existió y que, en casos, aún existe entre los cubanos dentro y fuera de la Isla. A Cuba llegaron esclavos de muy diversa procedencia que hablaban decenas, si no cientos, de lenguas y dialectos diferentes. La mayor parte, los empleados por pequeños grupos, no han llegado hasta nuestros días. Otros, los que servían como vehículo de comunicación entre un número importante de negros y usados, además, en los cultos religiosos, viven hasta hoy. Los tres idiomas que aún cumplen vitalísimos propósitos rituales son: el Lucumí (Yoruba), lengua oficial de la Regla de Ocha o Santería; el Abakuá (en gran parte Efik) utilizado en las ceremonias de la Sociedad Secreta del mismo nombre y, finalmente, el Congo, empleado en las diversas Reglas Congas de origen bantú. En los libros de Lydia Cabrera aparecen todos extensa y fielmente documentados. Acerca de *Anagó: Vocabulario Lucumí*, publicado originalmente en 1957, Richard Allsopp ha escrito:

---

[1] Octavio Paz, *Sombras de Obras*, Barcelona: Seix Barral, 1983, p. 31.

[2] Octavio Paz, op. cit., p. 19.

Una obra como *Anagó: Vocabulario Lucumí,* que presenta como hace ésta en más de 300 páginas repletas, un listado de más de 7,500 palabras de Yoruba que se utilizan en Cuba, es evidencia concluyente... de que la presencia africana en el Nuevo Mundo es de tan descollante importancia que su ignorancia ya no puede disculparse más, ni siquiera sobre las tradicionales bases emotivas.[3]

El *Vocabulario Congo: el Bantú que se Habla en Cuba* continúa en la pauta trazada por Anagó. Hallamos aquí unas tres mil voces congas, recogidas directamente de la boca del pueblo, sin consultas a diccionarios o gramáticas que puedan falsear, aún sin intención, lo expresado por los informantes. En Cuba se dió el nombre de congos a esclavos procedentes de una extensa zona que comprende desde el sur del actual Camerún hasta el sur de Angola, así como a los originarios de Mozambique, en la costa oriental de Africa. Estos negros hablaban, en su mayoría, lenguas pertenecientes a la subfamilia lingüística Benue-Congo y parece que muchos se comunicaban en Ki-Kongo, el idioma más importante del antiguo reino Kongo.[4] Precisamente, este volumen contribuye a esclarecer el espinoso asunto de las etnias conocidas como «congas» en Cuba e igualmente el de sus lenguas de origen. Bajo esa denominación aparecen aquí unos setenta subgrupos y encontramos también palabras y frases de variada procedencia, debidamente identificados: «arroz», por ejemplo, es «mbei» en lenguaje gangá, mientras que el verbo «arrojar» corresponde a «suala» entre los congos musunde. Como se trata de un léxico copioso, seguramente servirá de base a estudios posteriores que resuelvan, en forma definitiva, la cuestión

---

[3] Richard Allsopp, «La influencia africana sobre el idioma en el Caribe». En Manuel Moreno Fraginals, comp., *Africa en América Latina,* México: Siglo XXI, 1977, p. 130.

[4] Cf. Joseph Greenberg, *The Languages of Africa,* La Haya: Mouton, 1966. También Germán de Granda, *Estudios Lingüísticos Hispánicos, Afrohispánicos y Criollos,* Madrid: Gredos, 1977.

de las fuentes africanas en la conformación de la lengua conga cubana.

Para los interesados en la cultura y los idiomas negros, este volumen tiene un interés muy especial. En primer lugar, el aporte bantú, más estigmatizado y de difícil acceso, ha sido tradicionalmente menos estudiado que el lucumí y el abakuá.[5] Además, el lenguaje congo sufrió en Cuba un proceso acelerado y temprano de erosión y de sustitución por el español, incluso en los ritos solemnes. Así lo observa Lydia en otro de sus libros:

> Es curioso que los Padres Nganga que hemos conocido, que hablaban y sabían largos rezos en «lenguaje de congos», al entonar sus «mambos» y dirigirse en sus ritos a su Mpungo, Nkisi o Nkito, al fùiri, fumbi, fúa o füidi (muerto) mezclan con las bantú palabras castellanas pronunciadas como bozales, lo que no ocurría ni ocurre aún en el presente, con los Olorichas que conocen bien su lengua y se dirigen a sus dioses en anagó (Yoruba).[6]

La explicación a tan interesante fenómeno parece hallarse en la función primordialmente religiosa de los idiomas de origen africano en Cuba. Así le dice a Lydia un informante:

> Nos explica un viejo vrillumbero, con razón más o menos válida que «eso lo hicieron los congos en un tiempo en que ya todos hablaban español, por si algún munangüeye

---

[5] Lydia Cabrera ha publicado en los últimos años dos obras que, junto a ésta, enriquecen la bibliografía sobre los Congos en Cuba. Son ellas *La Regla Kimbisa del Santo Cristo del Buen Viaje*, Miami: Ediciones C.R., 1977 y *Reglas de Congo: Palo Monte Mayombe*, Miami: Ediciones C.R., 1979.

[6] Lydia Cabrera, *Reglas de Congo*, p. 121.

(hermano) no los entendía y porque así les gustaba hablar a los muertos, que eran bozales.[7]

O sea, que los adeptos a las pragmáticas Reglas Congas, dedicadas fundamentalmente al culto de los muertos, se comunicaban con ellos en español o en bozal, pues entre fieles y espíritus podía no existir otra lengua en común. Los lucumís, por el contrario, confiaban y confían en la competencia lingüística de sus dioses Yoruba. Fascinante argumento que ilustra la íntima relación entre religión y lenguaje en los ritos afrocubanos.

Otro aporte importantísimo de Lydia Cabrera al estudio de nuestro multilingüismo de origen africano ha sido el reproducir fielmente el habla bozal de los esclavos y sus descendientes. Esto ha permitido a Germán de Granada y otros investigadores plantear que el bozal, lejos de ser un español «corrompido» por la influencia de diversas lenguas maternas es, en realidad, un código criollizado, con características gramaticales semejantes a las de los criollos caribeños de base inglesa, francesa, o portuguesa.[8] Por supuesto, no ha sido Lydia la única en brindarnos muestras del bozal. Lo hallamos también en novelas, poemas y, especialmente, en el teatro bufo del siglo XIX. Lo que sí nos ofrecen sus obras es un alto grado de confianza en la fidelidad de la transcripción y, particularmente, en la identificación de sus usuarios en pleno siglo veinte. Vale la pena recordar lo que al respecto ha escrito Granda:

> La importancia que, entre los estudios de tema afrocubano, reviste *El Monte* de Lydia Cabrera es, sin duda, extraordinaria para los especialistas en antropología social y cultural. Pero además puede también esta obra ser suscepti-

---

[7] Lydia Cabrera, ibid., id.

[8] Ver al respecto Granda *op. cit.* Hasta recientemente se ha rechazado la posibilidad de que en el Caribe hispánico existiera un criollo comparable a los de Haití, Guyana, Surinam, Jamaica o Aruba y Curazao. Que el bozal es un criollo o, por lo menos, un código criollizado parece casi probado.

ble de utilización con finalidad lingüística y, concretamente, de facilitar a los interesados en el tema de las hablas «criollas» en Hispanoamérica suficientes rastros y síntomas como para justificar la ampliación hasta Cuba del hasta ahora estrecho horizonte configurado por los islotes de mantenimiento de estas hablas en áreas hispánicas... En primer lugar, la escrupulosidad de la autora al recoger los materiales de su obra es reconocida por todos sus críticos y comentaristas, y la «fidelidad» y «absoluta objetividad» de que blasona Lydia Cabrera en el prólogo de su obra no son, por ello, palabras vacías o enunciación de principios sin realidad, sino normas directrices de todo el trabajo. Por otra parte, el interés y versación de la distinguida investigadora cubana en problemas de carácter lingüístico nos garantiza el respeto con que ha recogido y trasladado a las páginas de *El Monte* los textos (y contextos) del habla de sus informadores.[9]

No solamente en *El Monte*, sino en casi todos sus libros transcribe Lydia cantos, rezos y aún conversaciones en bozal. *El Vocabulario Congo* no es una excepción. Para dar sólo un ejemplo, veamos este «mambo» o rezo que sirve para agasajar al espíritu que reside en la Nganga o caldero mágico: «No hay palo como tú, Palo, ¡ay Palo! Tu llega ribá loma Grubba. ¿Cuál Nganga má pue que yo? Tú coge tu guarina, tu van sube palo la loma». Con los datos que sobre el bozal ha aportado Lydia Cabrera hemos podido constatar, hasta la fecha, la existencia de lenguajes con rasgos similares en Puerto Rico, Panamá, Colombia, Ecuador y —esperamos que próximamente— en Venezuela.[10]

---

[9] Granda, op. cit., p. 481.

[10] Los estudios de Alvarez Nazario permiten establecer la semejanza entre el bozal puertorriqueño y el cubano. Ver Manuel Alvarez Nazario, *El Elemento Afronegroide en el Español de Puerto Rico*, San Juan, 1961. En Colombia existe
(continúa...)

Es decir que, muy a su pesar y sin proponérselo, Lydia nos ha resultado no solamente etnógrafa, sino también lingüista de talla. Eso sí, lingüista y etnógrafa con sentido del humor. Como sé que esta conclusión no va a ser de su agrado, sólo me resta agradecerle que pidiera a su aprendiz prologar este libro y desearle, a la usanza de los congos corteses: «Sakula musakula mumbansa musukun dénde tatikan sangan tibá karirí, fuáyandé» ("¡Que Dios la conserve sana como plátano manzano!") para que siga ofreciéndonos obras que enriquecen, enseñan y —muy importante para ella— divierten. Kiwá.

Isabel Castellanos
Department of Modern Languages
Florida International University

Quito, Julio de 1984

---

[10] (...continuacion)
una lengua criolla denominada «Palenquero» y empleada hasta hoy por los habitantes del Palenque de San Basilio, en la Costa Atlántica. Ver al respecto Derek Bickerton y Aquiles Escalante, «Palenquero: a Spanish based creole of Northern Colombia». En *Lingua* 24, 1970, pp. 254-267. En Panamá y Ecuador encontramos rastros de un bozal en varias formas de arte verbal popular. Alexandra Alvarez, de la Universidad de Georgetown en Washington, realiza actualmente una investigación sobre el tema en Venezuela, que servirá de base para su tesis doctoral.

Primera Parte

ESPAÑOL - CONGO

A

Abanico: Nfu.
Abey macho (Jacaranda Sagreana, D.C.): Abanké.
Abre la puerta: Sigüiriá dienso.
Abre los oídos y oye: Simbula kutuwa.
Abrir: Wuaka.
Abrir: Duilando.
Abrojo: Nguingo.
Abrojo amarillo (Tribulus cistoides, Lin.): Fugwé, Fugué.
Abrojo terrestre (Tribulus maximus, Lin.): Nguingo.
Abuelo, antecesor: Nkai.
Abuelo: Kuku.
Acacia (Gliricidia Sepium, Kuth.): Topia.
Acana (Bassia Albescens, Griseb.): Ntola. Tolá.
Acariciar, mecer al niño para que se duerma: Luñene.
Acebo de sierra (Ilex Montana, Griseb.): Abayá, Abayo.
Aceite: Masi mauki.
Aceitunillo Hufelandia pendula, Sw.): Kouyo, Ancayo.
Acostado: Saúti.
Acostado en la cama: Saúti kuame.
Activo, que trabaja bien, con brío: Kinyángala.
Achacoso, enfermizo: Babelanga.
Adelante, entre: Yalangá nguei.
Adepto, iniciado: Kuano.
Adivinando, pronosticando: Tenda Matenda Tendela. El brujo hablando por el fumbi o fuiri, espíritu que lo posee, o fijando la vista en el espejo mágico.

Adivinar con caracoles o conchas de mar: Vititi nkobo.
Adivinar (fijando la vista en un espejo mágicamente preparado): Titi mensu, Vititi menso.
Adivino: Sudika mambi, Kindamba kuseka.
Adivino: Kusambulero.
Adivino: Nganga Ngombo.
Adivino, otro nombre que se da al Taita Nganga: Nganga mpiata.
Admirar, Admirado: Yakoto.
Adorno: Bután Dumba.
Adorno: Mona.
Africa: Wánkila.
Agapanto (Agapanthus africanus): Nfei o fei.
Agitación, estar agitado, «corazón enfermo": Saki saki.
Agonía, agonizando: Saki saki fuá.
Agracejo (Gossypiospermun eriophorus): Deuki.
Agua: Mansa, masa, nasa.
Agua: Mesi.
Agua: (Lengua de congo Mumbona) Lango.
Agua: Yamasa, Mamba, Toalalango.
Agua, Laguna: Mamba.
Agua bendita: Masimán Sambi, Mamba Sambi.
Agua bendita de la iglesia o la preparada por el brujo: Lango Nsambi, Lango Sambia, Múngwa Lango, Munangua Lango.
Agua caliente: Lango faso o baso.
Agua compuesta con mancaperro: Masangóngo, Belida, Masangóngoro.
Agua compuesta sin mancaperro: Yiwere.
Agua con azúcar: Lango munanguá, Lango musenga, Mungua lango.
Agua «corriendo en el río": Kuilo mamba yala lele.
Agua corriente de: Mamba yalalele.
Agua, confluencia de ríos, dos aguas: Sinonduodo mansa.
Agua de coco: Lango kanaputo, Lango kayamputo, kayanaputo.
Agua de mar: Lango Kalunga.
Agua de mar: Gongorotina.

Agua de palma: Malafo mbafo.
Agua de pozo: Lango Kamatoto o kumantoto.
Agua de río: Lango kokoansa.
Agua «de zumo de caña": Lango munungua.
Agua lluvia (del cielo): Lango kumansulo.
Agua «que lava la tierra», llueve: Mamba sukulán Ntoto.
Aguacate (Persea gratissima, Gaertu.): Akún, Nflú.
Aguacate: Sofu.
Aguardiente: Waba.
Aguardiente (lengua gangá): Ndoí mindo.
Aguardiente: Guslende.
Aguardiente: Ingo.
Aguardiente: Malafo. Malafo mamputo.
Aguardiente, beberlo: Ingua malafo.
Aguardiente: Malafo maba.
Aguardiente de caña: Malafo misanga.
Aguardiente de corojo: Malafo maba.
Aguardiente de palma: Malafo matembó. Malafo bafo.
Aguinaldo blanco (Rivea Corymbosa): Tuansó.
Aguila: Ngomune.
Aguila: Ngola o Nbola Nsusu.
Aguila: Nui Kakoma.
Aguila: Ngosula.
Aguja: Luciolo.
Agujero: Disungo.
"Ahora tá muéto": Kasimba yére yére kasimbángon.
Ahora mismo: Akiki.
Aire: Nkili.
Ají (Capsicum annuum): Fótila.
Ají agujeta: Dúngua.
Ají cachucha: Inkako Kibulo.
Ají chileno: Inkako Kindungo.
Ají de China (Salanum Havanense, Jacq.): Dumbe, Nkafo Kibulo.
Ají dulce: Inkako mengua.
Ají dulce: Moúngo.

Ají dulce: Etótila.
Ají guaguao (Capsicum baccatum): Yumbé.
Ají guaguao: Dungo, Dunwa.
Ajiaco: Mambabisi.
Ajo (Allium sativum, Lin.): Diamputo.
Ajo: Niasa.
Ajo: Kualango.
Ajo: Dudun gonfiala.
Ajo: Fialán Gondo. ("El ajo fortalece a las Ngangas").
Ajonjolí (Sesamum indicum, Lin.): Gibaniya.
Ajonjolí: Wansila o wampila.
Ajonjolí: Kolele batamá pímpi.
Ajonjolí: Ndibá.
Ajonjolí: Nguéngue.
Alacrán: Ntututati kanga o nkututati kanda.
Alacrán: Mine kutukatikanga.
Alacrán: Chuta, Nchuta.
Alacrán: Mine o miure. ("El rabo y la tenaza, para brujería").
Alacrancillo (Heliotropium indicum, Lin.): Bloto.
Alamo (Ficus religiosa, Lin.): Machuso o mechuso.
Albahaca de anís (Var. Anisatum Hort.): Medaló.
Albahaca de clavo (Ocimun micranthum, Wield.): Guánguao.
Albino: Ndunda o Dúndu.
Alcaldía: Munanso sando.
Alcohol: Malafo mabinga.
Algarabía, guerra: Wángara.
Algarrobo (Pithecolobium saman, Jacq. Benth.): Kuya, Nkunia, Kuyá.
Algodón (Gossypium barbadense, Lin.): Duambo.
Alma sentimiento: Moyo.
Allá: Munantao.
Allá: Kunansieto. (Allá en Africa: «Kunansieto Guánkila». **Aquí en La Habana:** «Kunambansa"). Tontíla.
Almácigo (Elafrium Simaruba, Lin. Rose): Nkunia Masinguila.
Almagre o polvo de color: Fuki, Nfuki.

Almagre: Suki, nsuki.
Almagre: Nfungue, nfangué.
Almagre: Niangui.
Almagre: Tufa, ntufa.
Almendrillo (Rhamnidium retusum): Londeí.
Almendro (Terminalia Catalpa): Tuanga o tuango.
Almendra: Eguinsé.
Almidón: Bagundá.
Almironcillo: Elú mueno.
Alta: Simane.
Altar: Sambia.
Altar: Lungan Sambi.
Alto: Nyuka.
¡Alto!, Póngase de pie: ¡Imana!
Alto, arriba: Lemba.
Altura, loma: Mulundu.
Alumbrado: Yakato.
Alzar, Levantar: Kikama. **Levántate y camina:** Sikama Kiako.
Ama (el Ama), La mujer del amo, «la señora principal": Mukua dibata.
Amado, en sentido de amistad y fraternidad: Mbadi.
Amado, Amar: Nguá, Ngolele.
Amanece ya: Kikiele kukiela.
Amanecer: Dikolombo dikuama.
Amansa guapo (posiblemente Capparis cynophalophora): Babikuame.
Amar, amarse: Timba.
Amarillo: Lolo, moamba.
Amarrar: Kuta.
Amarrar, ligar: Kangré, kangri.
Amarrar, ligadura mágica: Kanga, Nkanga.
Amarrar a los blancos (idealmente): Kanga mundele.
Amarre, ligadura hecha con hoja de maíz: Kangri masango. (Con la hoja del maíz el brujo realiza el ligamen mágico que cautiva a su víctima o le asegura la posesión de algún objeto).

Amarre mágico para las cuatro esquinas: Nkangue. Nkanga Nsila.
Amarre: Nkanda, Nkanga.
("Nkangado, estar sometido a la acción de un maleficio». «El Ngombe es la fuerza síquica actuante de Krooks».)
Amarre o atadura: Nkangue. Cuando no se posee algún objeto de la persona que se desea atar se pronuncia el nombre de ésta, o se escribe; así se le amarra idealmente. Los nombres son lazos mágicos que atan seres y cosas. Al amarre se le añade tierra de cementerio o cualquier otra sustancia que juzgue poderosa el hechicero. Se puede ligar a una persona al espíritu del muerto y estas ataduras son muy difíciles de romper.
Amarre: Nkangue. Se da a tragar para defender contra posibles males un cuartillo (moneda de cobre o de plata). Actualmente un centavo o un real.
Amarre: Nkangue. Atadura. Amarran el hombre a la mujer haciendo siete nudos en el masango. La mujer al hombre tiene que hacer nueve nudos.
Amén, que así sea: Kiwá.
Amén Jesús: Dundu mbaka.
Amiga: Nkundi.
Amiga: Ponguie, Yeyé o yaye.
Amigo: Wankasí.
Amigote: Konguako.
Amuleto: Kabungo, Kangre.
Amuleto, «el secreto": Bungu.
Amuleto, «resguardo": Makuto. «Makuto panga bilongo mayimbe pungo». Nombre de un resguardo o makuto. Bunsi: Otro nombre de un makuto o amuleto.
Amuleto: Andile. Ndile. Hemos oído llamarle «Cuatro esquinas». Es un collar con un pequeño amuleto en un extremo. Le sirve al mayombero para adivinar y responder a sus preguntas moviéndose en redondo o pendularmente.
Amuleto: Mongansa, kabungo, mabula, wangankisi.

Amuleto: Nchila. Resguardo, makuto. La mayor parte de los makutos se hace con corazones de animales.
Ancestro, antepasado: Bakula, bakulu.
Anciana: Nkento kiboba.
Anciana, anciano, viejísimo: Mabata. Bambuta.
Anciano: Mbuto.
Anciano, abuelo, antepasado muerto: Nkula.
Andar, ve: Nda.
Andar, ir: Wenda kiako. «Uno que camina todo el mundo: Mutu wende ngongo».
Andar, andando: Kuendilanga.
Andar, ir de prisa: Kalafunga.
Andar despacio: Buendán sualo.
Andar de un lado a otro, sin rumbo fijo: Yemberenguén.
Andar mal de salud, enfermo: Kungako.
Anguila: Nbundo Ngola. Tiene grandes virtudes mágicas.
Anguila: Wambila.
Anguila: Ngola, gola, Nbundo Angola.
Animal muerto: Fuiri kangaña likanani.
Animal muerto: Kángana bukanani, Diata Munanseke.
Animal parecido al oso: Kimpúngulo.
Antebrazo: Kisiá lembo.
Antebrazo: Guansi.
Antepasados: Bankita, Bakalú.
Año: Mbu.
Aojador, que mata o enferma con los ojos: Mensu difuá.
Aparecido, fantasma: Makundo ("Así le llamaban los congos del ingenio Esperanza al muerto que sale de la tumba».)
Apasote (Chenopodium Ambrosiodes, Lin.): Kosinku, Koseku.
Apresúrese: Insalánsila.
"Aprieta la mano tambor, y a bailar que se va el sol": Ntango yere bakuela pembe wako yaya nwako yaya bakuele dundu ware.
Aprisa, ir de prisa: Wakiako.
Aquí: Munankutu.

Aquí mismo: Akikí kuila.
Arabo rojo (Erythroxylon affine, A. Rich.): Fikó.
Arado: Bila.
Araña: Beta. Kasiro. «Kasiro tira hilo cayó la mar. Mi kasiro tu no pué brincar la mar».
Araña: Kakunda.
Araña: Gunga, Gungo.
Araña, canángano: Nansi.
Araña peluda: Masu, Mansua.
Arbol, «palo": Musi.
Arbol, «Un árbol Ndoki que envenena, ciega, llaga al enemigo": Yaiti.
Arbol aceitero (Sebastiana lucida): Ninki.
Arbol de bibijagua (Datura arborea. D. suaveolens): Lirié.
Arbol bonito: Bukuá.
Arbol Cambia Voz (Schaefferia frutescens): Nkunia Bondán Siká.
Arbol de la Cera (Myrica cerifera): Maesere.
Arbol del cuerno (Acacia cornigera, Willd.): Wanango.
Arbol de Dios (la ceiba o el laurel): Musina Nsambi.
Arbol Ficus pandurata: Musenda.
Arbol Gurubana: Masoko.
Arbol Jobo: Nkunia guenguere kunansieto.
Arbol Maboa (Cameria latifolia, Lin.): Malembe.
Arbol de madera amarilla: Mbota.
Arbol Malambo (Drymis winterii o Croton malambo): Nkunia Mpeka.
Arbol de sebo (Stillingia sebifera, Minch.): Kousún.
Arbol Téngue (Poeppigia procera): Nkunia cheche Kabinda.
Arboleda de árboles frutales: Finda machafio.
Arboles: Nkunia.
Arcediana (Celosia Cristata, Lin.): Siwá.
Arcilla blanca, tiza: Pembe, Npembe.
Arco iris: Sóngrima.
Arco iris: Bumba, nbumba.
Arco iris: Luango matande.

Arco iris: Kóngolo konasula.
Arco iris: Muluango. «Hay arco iris hembra y macho».
Arena: Miseke.
Arena: Lukuekué.
Arena de mar: Ntoto Kalunga.
Arena de mar: Mpolo Lukué kué, Munu Kalunga.
Arena de mar: Telampolo munu Kalunga. «Ve al mar y tráeme arena": Kuenda talampolo lukué kué munu kalunga mpolo.
Arena de río: Munu kivú.
Aretes: gungo, ngungu.
Armario: Nkebe.
Armario: Inkiria.
Armario: Nkina, kina.
Aroma blanca (Lencaena glauca, L. Benth.): Susumié.
Artemisa (Ambrosía artemisifolia, Lin.): Dioké.
Artemisilla (Parthenium hysterophorus, Lin.): Luanga.
Arriba, en lo alto: Malongo.
Arriba de la loma: Sulumongo maddio mafinda.
Arriero (pájaro): Mabanga lafuá yaya.
Arriero: Kukuanchala, kukuan pela, kukuasara, kuensala.
Arrodíllate: Fukama, Kukamá.
Arrojar, verter: Suala (Lengua de congo musunde).
Arroz: Eloso, yaloso, loso. «A la bodega se va a comprar arroz": Munu sando baku sumbeiloso.
Arroz: Tolerí.
Arroz: Mbei (Lengua gangá).
Asar, tostar: Buila.
Asesinato, hecho de sangre: Mpanda.
Así mismo: Buana kuansi.
Astronomia (planta: Lagerstroemia indica, Lin.): Duanje.
Ateje común (Cordia Collococca, Lin.): Langüé.
Ateje hembra (Cordia Valenzuela, A. Rich.): Chunué.
Ateje hermoso: Biyaka.
Ateje Macho (Cordia Sulcata, D.C.): Panguá.
Atocha, Niño de: Bakuendé.

Aura Tiñosa: Mayimbe.
Aura Tiñosa: Sunsu Mayimbe.
Aura Tiñosa: Saura, nsaura.
Aura Tiñosa: Mafuka.
Aura Tiñosa comiendo: Susu Mayimbe udía Nwá.
Aura Tiñosa no tiene casa: Nsuso Mayimbe no tiene Nso.
Aurora: Koma kukieri.
Avaro: Buimi. «Así se les llamaba a los carabalí».
Avispa: Supinwanfungo, Supunwanpungo.
Ayúa (Zanthoxylum martinicense, Lin. D.C.): Kuma, lunga.
Ayudante o Mayordomo del Padre Nganga: Gando muelando. Wawankisa Nsualo Mambi.
Ayudar: Kawuanko.
Azafrán (Carthamus tinctorius, Lin.): Mayenda.
Azogue: Fendingondé, Chacho machako.
Azúcar: Mungua, munga, Mínsua.
Azucena (Polyantes tuberosa): Tonjei.
Azul: Bundi.

B

Babosa: Yerebita. Soyanga.
Bailar, a bailar: Kina kuame, kuame kuambé. Kina kiaku. Guisá kusone. Kuambe.
Baile, bailar el Ngangulero con la Nganga: Nganga kina Kiaku.
Baile, fiesta: Kizumba.
Baile de los muertos: Matomburia Malendoki.
Baile de makuta: Bailaban al compás de la Makuta (tambor) hombres y mujeres. Las mujeres vestían faldas muy anchas, daban muchas vueltas. El hombre la perseguía para «vacunarla» y la mujer lo rehuía. La Makuta decía exactamente: Tinguí tikí tikín.
Bala: Bana.
Ballena: Lauriako.
Ballena de agua de mar: Lauriako muna mamba Kalunga.
Bandera: Dimbré. Dimbu.
Bandera: Kanda.
Bandera: Sambandimbo.
Bandera: Lelensuta.
Bandera: Dimbokofuta. Demba.
Bantú: El término bantú designa un conglomerado de pueblos unidos por el idioma. Ocupan los dos tercios meridionales de Africa. «Son todos los negros que emplean la raíz **ntu** para calificar a los hombres. Ban-tu, hombres de la tribu», dice Delafosse. Se dividen en Bantú, Orientales, Meridionales y Occidentales.

Bañarse: Munia.
Baño de limpieza: Nsala.
Baño: Sala.
Barbacoa: Malongo.
Barco: Kumbe. Nkumbe Kalunga.
Barco: Nkundiamba Kalunga.
Barco que trabaja en el mar: Nkumbe salanga muna Kalunga.
Barco de vela: Munalala, «que trabaja con el viento», Kumbe munaisa salanga mpenso.
Barco de vapor: Nkubrí kalunga.
Barracón: Mufúa Yambo.
Barracón: Nkusu.
Barreta: Fuanga.
Barriga: Malusa. Mamálusa. Munalusa.
Barriga: Kibumo. «Así le llamaban a las botijas en que se guardaban monedas.
¡Basta ya! Está bien: ¡Buma kuandi!
Bastante: Mbongo.
Bastón de San Francisco: Tongo.
Bastón o cetro de Nfumo o Padre Nganga Mayor: Guala Nfumo.
Basura: Dián dián.
Basura: Nsasa, Ntiti, titi.
Basura, excremento: Tufi.
Bata: Lusango.
Bata de mujer: Matutu.
Batea: Titilango.
Bautizo: Gangangó.
Bayoneta: Kinkué.
Beber: Mu.
Bebida de tierra conga: Malafo masanbo.
Bebida sacramental: Chamba. (Se le llama también Kimbisa en la Regla Kimbisa de Santo Cristo del Buen Viaje fundada por Andrés Petit. Con ella se rocía la Nganga y se da a beber al neófito en su iniciación. La kimbisa o kimbisi —chamba— consiste en aguardiente «malafo», ají, ajo, pimienta o pólvora

—fula—. Con ella se fortalece a la prenda. Tunguí kimbi malanié: «haga kimbisa pa que beba la gente», dicen los paleros.)

Bebida: Chamba. Para rociar y fortalecer la Nganga. También se da a beber al iniciado en el rito del juramento. Se compone de Aguardiente, ají guaguao, pimienta de Guinea o de la tierra, de Monte; canela, jengibre y ajo y pólvora. Se tapa, se entierra y a los 3 días se saca.

Becerro: Chichiri Ngombe.
Bejuco: Nfita, nfita kima.
Bejuco: Kunayanga nfita.
Bejuco amargo (Aristolochia pardina): Biinsa.
Bejuco angarilla (Serjania diversifolia): Seikón.
Bejuco cruz: Poti.
Bejuco Cuba (Gouania polygama): Yonyolé.
Bejuco chamico: Dukora, ndukora.
Bejuco fideo (Cuscuta americana): Muntó.
Bejuco guaraná (Davilla rugosa): Disota.
Bejuco leñatero (Gouiana poligama): Etún.
Bejuco lombriz (Philodendron Wrigtii): Sekusé.
Bejuco marrullero (Vigna capensis, V. vexillata): Fonsoi.
Bejuco pelado: Buaña, buare.
Bejuco péndola (Securidaca volubilia): Oretó.
Bejuco sabanero: Guinyé.
Bejuco San Pedro: Yayanká.
Bejuco verraco (Securidaca vergata): Kuenyé.
Bejuco zarzuela: Ninyó.
Bendición: Dingansuá.
Bendición. Por ejemplo, cuando se estornuda o se desea felicidad. Que Dios la conserve sano como plátano manzano: Sakula musakula mumbansa musukun dénde tatikan sangan tibá kariri fuáyandé.
Bendición, la pido a los pies de la Madrina: Digansuá solentuá, tikantiká.
Biajaca: Sonsi.

Bibijagua para brujería: Dundo monantoto.
Bibijagüero: Wenga, Guénwuá.
Bichito: Bitilengo.
Bichito del río, especie de culebrilla: Soyanga, Luwé mene.
Bichitos: Nfimán.
Bicho, sabandija: Munfúira.
Bichos: muninfúíse.
Bichos, insectos, lombriz: Soyanga.
Bien: Kiambote.
Bien, gracias: Ngüita.
Bien de salud: Kakuelako.
Bien, ¿está bien?: ¿Ngueye kolere kueto?
Bien, está bien: Gondi, Ngondi.
Bien, bueno, «Estoy bien, hermano, dame la mano": Kolere Kuamo, tondele Kuamo pagiame.
Bigotes: Sanso, Nsanso.
Bijirita: Nuí susuí kongo.
Blanco: Mundele.
Blanco está bravo: Mundele kintu.
Blanco extranjero, hombre de la capital (Loanda): Mundele loanda.
Blanco malo: Mundele makarará mangó.
Blanco principal: Muene Mundele.
Blanco quiere saber: Mundele quiere bundanga.
Blanco sabe con libro, el negro con yerbas (brujería): Mundele kualukila nmukanda Bafiota Kualukila Vititi.
Blanco valiente: Bembo.
Blanco, criollo: Mundele Manputo.
Blanco, hombre: Manfuto, manputo.
Blancos: Mufuita.
Blancos (los): Mindele.
Bledo blanco (Amaranthus viridis): Milo.
Boca: Nuá, Nia mua, Munan nuá.
Boca: Moá.
Boca: Nakó.

Bofe: Wansi.
Bolsillo, saco: Nkuto, kuto, munankuto.
Boniato: Bala, mbala.
Bonita: Mlombe.
Bonita: Mbuta.
Bonito, bueno: Wawaba.
Bota: Lusango.
Botar, tirar: Yosa.
Botella: Fumbo.
Botella: Buate. Mbuate, mbungo.
Botella: Ntumbo. Munalunga.
Brazo: Lembo.
Brazo: Batolembo (antebrazo: kisialembo).
Brazos: Moko (lengua de congos Mumbona).
Brocha: Sama.
Bruja: Mamá Kumbe, bruja de Islas Canarias.
Bruja: Guengue.
Brujería: Mayumba. Mayombe.
Brujería: Kelembo. Kilemba. Kiteka.
Brujería: Karakanbuka.
Brujería: Vitite.
Brujería, basura: Vichinche, Vichichi. Munbonga.
Brujería: Mumbanda.
Brujería (de la peor): Kindoki, guindoki.
Brujería: Walona Mpolo.
Brujería, amuleto: Nkondi.
Brujería: Karakambuta.
Brujería: Kimpa. Wemba.
Brujería; voy a hacer brujería: Momo ba ndoki.
Brujería: Kindamba. El pueblo dice «le echaron un kindambazo a fulano de tal», expresando así que la desgracia o la enfermedad que aflige a ese individuo es obra de un brujo que se ha valido de una fuerza sobrenatural para producirle ese infortunio.
Brujería: Se le llama bilongo a un maleficio. Se recordará el viejo canto burlesco:

"unos dicen que a la una
otros dicen que a los dos
y yo digo que a las tres
bilongo mató a Mercé.
Estos bilongos cuando la brujería se ingiere y el brujo las extrae consisten en un montón de pelos, de plumas y bichos. «Yo vi» —nos cuentan— «un bilongo que era una pelota de pelos, clavos y cintas que echaba fuego y caminaba hacia el pozo. El Ngangulero le ordenó al fumbi (al medium) que se tirase al pozo y lo cogiese. Los bilongos (brujería) se entierran, pero el fumbi los olfatea y desentierra."

Brujo: Bandoki, Ndoki. Es el mismo hechicero o hechicera que vuela. Es una persona dotada de poder para el mal. «Tiene la fuerza en el oído». Los Ndoki ejercen ese poder maléfico sin respetar parentescos; en el campo acaban con las crías, las siembras y frecuentemente con los niños. El Ndoki se parece a los hechiceros de Europa. Puede convertirse en majá, en pájaro, en cualquier animal. Se transforma en majá para chupar la sangre de los niños. Se dice que daña a los mulatos mas no los mata. De noche se convierten en arañas y se introducen en el cuerpo de sus víctimas. Con el sol desaparecen. El individuo que es Ndoki suele ser bizco. Tienen ojos brillantes que «amarran» al que quiere dañar. Al morir su espíritu continúa haciendo el mal y los hechiceros continúan trabajando con ellos. Vivos, tienen la facultad de deshacerse de su piel. «No hay mejor Ndoki que el niño: los de siete años sirven mejor. El Ndoki viejo es muy lento». Los que tienen Ndoki a su servicio, tendrán mucho cuidado con él, pues se revuelven contra sus dueños. Se encelan de la familia del hechicero y le matan la mujer y los hijos si se descuidan.

Brujo: Muana Nganga.
Brujo: Tata Wánga.
Brujo: Ndongo.
Brujo hechicero: Muloya.
Brujo, «lo del más allá», Judío, magia: Mambi mambi.

Brujo curandero: Nganga Tare.

Brujo: En Cuba los brujos más calientes en las postrimerías del siglo pasado y primeras décadas del presente fueron los de Mariata Saca Empeño, su dueño era Andrés Congo que tenía por Mayordomo a Jacinto Vera y Elías el Chino. La Madrina también fue famosa, el día que murió se cuenta que todos vieron al contemplar su cadáver que sus ojos derramaban muchas lágrimas.

Brujo: Taita Kunangan nfita. Se llama al brujo o palero.

Brujo: Mayombero, ngangulero, nganga, bakulo.

Brujo: Ndongo.

Brujo; rezo iniciación: Kutere akutere akayó Mboma longánguisi yó longa Moana. (El Mayombero ya acabó su trabajo). También se dice: Simba gúana nsúnsa Mayá Kinkayá Kalunga kota Mbukadera son Muruandalo palo Monte. Kalunga mi Kalunga Muruanda.

Brujo: Tata Nganga. Mayordomo: Wangankisi. Para cuidar al Padrino, Mambi-Mambi, cuando se monta.

Brujo: Mayombe. Tata Nganga. Unica aspiración del brujo. Todos aspiran al hacerse «rayar» el dominio de esa fuerza sobrenatural que les hará más poderosos que los demás. La profesión de brujo en Cuba, —como en todas partes— es lucrativa y en algunos casos, muy lucrativa. Según la inteligencia del brujo. (Rojas el Babalawo tiene casas y tierras).

Brujo, Padre Nganga: Kintoala Nkisi.

Brujo: Tata Nganga. Madrinas de Palo. son iniciadas, es decir «rayado» tienen que agarrar Kisenguere, para que el palo las tiemple. No dejar que las tumbe, sino que las sacuda un poco. Si el Mayombero viene, la saluda y le dá la bendición. Si la Madrina ve algo que no está bien objeta. El Padre ni el Mayordomo la pueden contrariar. No le dicen que no. Porque la Madrina es la Principal. Si un «palo» (medium) se queda privado, «ella lo llama, el Palo obedece». Mayordomo y Madrina, son más que el Dueño de la Nganga: son los responsables.

Las Madrinas se eligen como si fueran madrinas de un niño. Madrinas, hay una sola, que es la Principal. La de la Prenda. Las que vienen atrás son madrinas también, pero entran por esta Principal, que es la primera que tuvo la Prenda. Se les llama a las madrinas de los hijos por el nombre de la Prenda: Madrina Luna Nueva, Madrina Mamá Tengue, Madrina Camposanto o Madrina Vira Mundo, etc.

La primera ganga tiene sus «gajos» o hijos. La primera Madrina se llama Fidana, las demás por los nombres de los Palos. Nsambia. La primera era Má Viviana, la segunda Maka Pemba, la tercera Sabana Limpio.

Brujo: Mayombero. Iniciación Regla Conga. Para ser Mayombero, primero Siete Baños, 7 noches al lado de la Prenda, debajo de la Ceiba. Después de los siete baños presentarlo a la Prenda. Cortarle la piel. Cuatro cruces, 2 delante y 2 atrás. «Beber el gallo», la sangre y comer el corazón crudo. «Después que lo tumbe la prenda y ya está».

Brujo: Mayombero. Tata Nganga. Los Ngangas sembraban maíz y lo comían el mismo día. «Eso lo he visto yo». Así como hacer crecer un coco, y tomar el agua del fruto.

Don Martín Zaraza, propietario y don Francisco Valdivieso dueño de «La Teja» no tenían más que congos. En el terreno de Esteban Grau, un congo, estaba el Cabildo Congo. Vivía hace pocos años, en Colón, con una nieta.

Congo: Joaquín Bolaño, descendiente de congos, tocador de kinfüite.

Tá Antonio Congo, poeta, murió hace poco de 104 años, en Cárdenas.

(Estas informaciones datan de hace 30 años).

Brujo bueno: «que no hace brujerías malas": Sambia Ntu.

Brujo de Dios, en oposición al brujo malhechor, «mayombero judío": Nganga Nsambi.

Brujo malvado, «judío», «Espíritu malo": Ndoki, Nganga Ndoki. Sólo hacen daño. «Comen gente: chupan sangre."

Brujo malvado, criminal: Impumbulo.

Brujo muy viejo. «El que se sienta a oir». **La autoridad:** Kintoala Nfuma.
Bruto: Matutu.
Buen corazón, de sentimientos nobles: Ntima Buntu.
Buenas tardes: Malembe nyale.
Buenas noches: Kabungo yayé.
Bueno: Bundu.
Bueno: Lulendo.
Bueno: Kukuenda. Kuabengame.
Bueno: Mamboti, bote. Mbote.
Bueno está: Kolere Kueto.
Bueno, está bien: Okoléle.
Bueno, fino: Mbundunyele.
Buenos días: Malembe mpolo. Malombo, Malembe yayé.
Buenos días: Mambote.
Buenos días: Matoko lukaya.
Buenos días: Tukaise nguei.
Buey: Ngombe, gombe. También se le llama Ngombe a los que sirven de mediums a los espíritus, (Ngangas).
Bulla: Wángara.
Bulla, «bullanga": Wasanga.
Bulla, desorden: Wasangará.
Burro: Kombo bongalá.
Buscar: Duke, nduke.

C

Caballero: Ndo.
Caballero, hombre de respeto (en lengua Gangá): Paná.
Caballito del Diablo: Abalán pemba, Kombo Iata Iabuiri.
Caballito del Diablo: Nkombo akinó, Nsusu Muteka.
Caballito de San Vicente: Afolo pemba.
Caballo: Batu, nialu, Nfato, nkato.
Caballo: Mputo, kobo, nkobo.
Caballo, vasallo de Nganga. El que es poseído por el espíritu. Chivo, esclavo: Nkombo.
Caballo, medium: Nganga ngombo.
Caballos, mediums, portavoz de un espíritu: yimbi. «Unos ven por la frente, otros por la nuca. Se arrastran gimiendo por el suelo, si los posee un espíritu malévolo o un Ndoki."
Cabeza: Brukoko, Ntu, mulunda.
Cabeza para muerto (refiriéndose a un «hijo de Nganga"): Ntunfumbe.
Cabeza del medium, caballo o Ngombe de un espíritu le llaman al individuo que cae en trance: Ntu Ngombe. Cuando a éste se le debilita la cabeza, para fortalecerla «se le da de comer». Si se encuentra demasiado cansada, se sacrifica un chivo y la Nganga o Nkiso recibe la sangre. la cabeza del chivo se deja secar y se hace polvo. Se lava la cabeza del Ngombe o medium con cascarilla y se le traza la firma, símbolo de la Nganga. A la hora de dormir se le ponen polvos del chivo mojados en vino seco —como un unguento— y se cubre la cabeza con un género del color de la Nganga. Por la mañana temprano acuden el Padre

Nganga y su Mayordomo, con una vela, un huevo, coco seco y cascarilla. Le quitan el pañuelo, al que se han adherido los polvos, y se le rompe el huevo en la cabeza, restregándole bien. Se vuelve a cubrir la cabeza, con un pañuelo blanco. Durante tres días no recibirá sol. Un mandadero en estado de trance (montado), se encarga de arrojar el agua y los polvos, y de pagar el derecho que lleva al monte y lo deposita en los raíces de una ceiba o bajo el árbol en que se haya «rayado» —consagrado—. «Los mayomberos le dan de comer a su ntú, a su cabeza, igual que los lucumí a su orí».

Cabeceando: Ntuchando.
Cabildo: Sociedad de Recreo de negros durante la Colonia. Los de cada nación o tribu tenían el suyo. Cabildo de lucumí, de arará, de congo, etc. Famoso también el cabildo llamado Chacharambuko, de Sabanilla del Comendador. También fue notable un ngangulero llamado Chacharambuku, en Macurijes, Pedro Betancourt (Bembas) Matanzas.
Cabo de hacha (Trichilia spondioides): Imba.
Cachimba: Guimbo, kafimba, Inkiso kiansuke, Sungu.
Café: Kundia, kasá, kualukilao, tufiolo.
Caguaso (Paspalum virgatus): Duré, nduré.
Caimán: Sambi, afuamato o afuamotu, Ngando.
Caimán: Gangondo, ngangondo, bariyengue.
Caimitillo (Chrysophyllum oliviforme): Didiré.
Caimito (Chrysophyllum caimito): Nua.
Calabaza (Cucurbita máxima): Maté, Makongué, Malengue, Malanfé, Malanjé.
Calabaza: Malampe, Nalé, Egando, Makuké, Maluké.
Calaguala (Polypodium aureum, Lin.): Eninwandó, Wandó.
Caldero: Kiso, nkiso, nkicho.
Caldero, (en el que se depositan los elementos mágicos del Mayomero o Tata Nganga): Muluguanga.
Caldero mágico (habitáculo de un espíritu): Nkisi. Nkiso. Este lleva una cadena (al borde), una flecha, siete herraduras, una bola de hierro, un aro, un tarro mágico y otros elementos.

Caldero: Nganga. Caldero Villumba: un trapo negro, para que corone. Caldero de hierro —Villumba— tiene tres pies, trabaja **con muerto**. Para ser villumbero tiene que enterrar camiseta y calzoncillo en Campo Santo. Cuando el fuirío (espíritu) se apodera de él se le pone una vela atrás y otra delante para **rayarlo** y se le pone un pañuelo negro en la cabeza. Acostarlo boca abajo. **En vez de 4 velas se ponen 3.** (Porque aquí entran Espíritu de Dios y Espíritu de Satanás y Palo).
Calalú: árbol que los descendientes de congos dicen llamarse Nlanguo. Por calalú se conoce también un guiso de carne de puerco.
Calentura: Fuka. Mfuka.
Caliente: Banso.
Calor: Muyodo. Muindo.
Calor en exceso: Kansiguisirí.
Calor, hace mucho calor: Kansiguirí fíongo.
Calvo: Munantú mpanduyo.
Callar: guisá.
Callar lo que se ve: Fuiri dia kanda.
Callar, ¡cállate la boca!: Guisa munanuá.
Calle, camino: Sila nsila.
Cállese, que voy a hablar: ¡Kawako matoko!
Cama: Tanda.
Cama: Lukuame, mfuemba.
Camagua (Wayenia laurifolia, Jacq. S.W.): Bisonte.
Camagüira: Amuró.
Camaleón: Nweña, Bomásua, kumbembé.
Camarada, «carabela», hermano de Nganga: Mpangui Sama.
Camarón: Brinda, nbrinda.
Cambia Voz (bejuco) (Schaefferia frutescens): Kisiambolo.
Cambio de dinero: Pandinkambia.
Camello: Kombo Saulonga, Nsaulu kunga.
Caminar: Kiamene, kuenda, kiako.
Caminar de prisa: Kiako guako kiako.
Caminar despacio: Kiaku kiaku kiángana kiángana.

Camino: Kuendan, Sila, nsila.
Camino, trillo: Tudidí.
Camino con mucho lodo: Nsila toto ntetéka ingui.
Camino de Angola: De Loango, sila Loango.
Camino largo: Sila ñoka munan danda.
Camino largo: Kuangá musila lumbo kialoso.
Camino recto, derecho o calzada real: Sila imose.
Campana: Kulalembo, Datura, suaveolena, kusuambo.
Campana: Ngongue o Ngunga. (A los congos portugueses les llamaban Congo Ngunga).
Campana: Ngongo. «Oigo la campana de mi pueblo": Ngongo ngongo basika mbansa bana.
Campana (el mayoral tocando para que los esclavos vayan a trabajar): Nkua kondiga munangango solo.
Campana chica: Ngungu meni meni.
Campana doble: Congué.
Campana grande: Ngungu puto.
Campana sonando: Ngunga yambula.
Campanilla de mano: Ganguí.
Campanilla de plata: Gungu putu.
Campo: Kunayonda, kunayanda, kunaganda, kunanchete.
Campo, manigua: Nseke, mumuseke, miseke, museke.
Canángano: Nkewa.
Canasta: Kawuandi.
Candado: Matuí, kumba.
Candela: Bansa, bánsua, nbánsua, mboso, kunanbasi, moto.
Candela, caliente: Ntuya, baso, mbaso.
Candelilla: Feín.
Canela: Mokoka wando.
Cangrejo: Ndefoko, kola, kala, nkala, ayafá.
Cangrejo: kairemo, chángara.
Canillas: Kiyumba wanganchila.
Canistel: Diamán sosi.
Canoa: Malungo.

Canto: Mambo. Consisten en la repetición de frases rítmicas, que en los ritos mágicos de Palo Monte determinan la ocurrencia del trance.

Canto: Nfinda. «Bueno día Nfinda. pa tó basura monte. El palo que má le gusta, encienda vela con centavo o grano de maíz. Con permiso tuyo, de Dio, de la Virgen Santísima yo vengo a bucá pa bueno y pa malo, to mundo tiene que vivir bajo la orden de Dio y Santa Bárbara bendita. Como se saluda al Monte se saluda al Cementerio. Con esa misma palabra, cuando Ud. coge lo restos."

Canto: Mambo. Llamando a Baluande, la Virgen de Regla: «Wanyeré wánguere. Yémbe awán yeré sánguereré."

Canto, Mambo, salida: «Sambia arriba, Sambia abajo, me juran tóto, me juran ganga. Buena noche, pa to la Sambia, cuché Kalunga tá conversando, buena noche, Padre mío, buena noche bajo Fuerza."

Canto (o rezo); Mambo, rezo, para «chiquear», agasajar al espíritu que actúa en recipiente mágico Nganga: «No hay palo como tu, Palo, ¡ay Palo! Tu llega ribá loma Grubba. ¿Cuál Nganga má pué que yo? Tu cogé tu guarina, tu van sube palo la loma». (Palo se le llama también al espíritu. Se da por sentado que en cada árbol reside uno.)

Canto: Mambos. Para llamar; se susurra: Nsíkiri ngombe matende bana ndile, matende bana. Saibeke dice: «En la casa en que jugaban nunca ví tambor. Ponían las cazuelas en el medio, en el suelo, un cuchillo blanco de punta. ¡Montaban la cazuela en la punta del cuchillo y no se caía! Allí curaban, sacaban daño, hacían lo que tenían que hacer y jamás tocaban tambor. Y eso lo ví de niño, entre congos de verdad. En las Tejas de Valdiviso».

Canto: Krabatánsila kié krabatánsila. Sila loanda, sila mumboma, sila Ngole. Se canta cuando se dibuja el trazo mágico para realizar un «trabajo» y preguntar por medio de montoncillos de pólvora. —fula—.

Canto (Comienzo de un canto para «guerrear» mágicamente, hechizar): Wángara, wángara simandié...

Canto: Mambo. kiángana watanga mambo... «Conteste el coro».

Canto, cantando cantos a la Nganga: Yimbilán, yímbila.

Canto, mambo diciendo nombres de tribus: Ié... kongo di Mumboma, Babundo, Mbando, Bakuponde, Chapato.

Canto: Yaya. Ganga. Canto para guerrear. Canto para llamar Yimbi. La canilla de muerto forrada con **yaya** y un paño negro, es Kisengue, que cuando el Yimbi viene la empuña. Es para que el gangulero «llame al Espíritu» y que éste venga. (También para que se marche el Espíritu).

Este llega y canta: «Kie llamo yo kieneme ñama Dorina yo tá pasa mi pena en la loma. Si tu llama misuamo yo sube la loma llorando.» El amo, el gangulero que no cae en trance le dice al Espíritu: Le vamo la loma tengue, vamos la loma ie tengue yo te llamo T. vamo la loma, sube la loma, si yo te llamo Palo vamo a la loma. Y el gangulero, o el Mayordomo le dice lo que tiene que hacer.

Para un desbarate se saca este canto: Salió la Bana, cayó en Matanzas Palo Monte. Yo te llama guerreá. Acaba cuento P/M/ El Espíritu habla con el gangulero, canto: E yangundé amomio tu quiere ver como yo encangando.

El Amo: Yo quiere ver yangundé como tu encangando.

(Antes ya el Mayombero ha pedido el ingrediente necesario, por ejemplo, un huevo. Este se entierra 3 días en el cementerio con el nombre de la persona y se deja un día en vinagre, sal, pimienta de Guinea y aceite de comer.)

Canto, rezo: Mambo; Mambo-mambo, «Canto de palo de Mayombe judío».

Canto: Mambo que se entona en el «bautizo» de un niño al colocarlo en medio del círculo que forman los siete Padres, «nganguleros», que se han reunido para «prepararle» la cabeza. Yansese wiriko kunansa Sambia mpungo kimfumbe nfunbe ndoki la meni meni ya talankó lawiri rindoki ya meni meni kunán Sambia. Canto en que se relata la historia que tiene por protagonistas al hijo del Diablo y al hijo de Dios: Unikongo dibuká marioko marioko makupondo ntaba mbala makupondo unikondo dibuka nsuso nsuso makupondo unikongo dibuká ngombe makupondo.

Canto «en que el viejo le dice al muchacho que vaya a trabajar. El muchacho remolonea y al fin protesta: me manda a coger el machete que vaya a trabajar y yo lo que quiero es comer antes de ir al trabajo": Nfuria Mama Kamokele kamukó nfuria Tata Kamakele kamukó é Tata nchimbele abelé Tata nchimbele.

Canto: «Para saludar Sambiánpunga con bueno modo, con bueno modo, primero yo, loma kisoka (la Kiyumba), primero yo, Padre mío, salud, cheché biyaya."

Canto: Ntotolí tolí yayé yayé um. «Este mambo recordaba a un rey congo... «Había en Sabanilla del Comendador un rey que era rey de todos los congos de Matanzas. Una vez al año se iba a rendirle homenaje.

Canto: Lugué botán Kambo baruké. (Puya de un congo real presenciando un plante ñañigo).

Canto de cuna ("duérmete niñito para que subas al cielo a llevarle tabaco a Nsambi».): Tata solelé lembaka sokembe luñeñe suati kuame munu nsunga Nsambia luñene.

Canto de puya: Makagua. Los cantaban las mujeres en los cortes de caña.

Cantos de puya que se lanzaban las negras en los cortes de caña: Makagua y Makaguadia.

Canto de unos congos Musunde: Talabandi kué talandi.

Canto que cantaban las negras cortando caña: Moana nkento munanfinda boba mambo salanga makaro.

Canto de una historia que tiene por protagonistas al hijo del Diablo y al hijo de Dios: Unikongo dibuká marioko marioko makupondo. Ntala mbala makupondo unikongo dibuká unikongo dibuká. Nsuso nsuso makuponda unikongo dibuká Ngombe ngombe makuponde.

Canto, las mujeres cantan cortando caña en el cañaveral: Moana nkento kuikirikiá kunanfinda musenga bóba mambo salanga mankaro.

Canto, se canta cuando el Nganga termina de hacer un hechizo, «trabajo": Kutere akutere akayó mboma longán kisi longa moana.

Canto para «asegurar» mágicamente las cuatro esquinas de la casa en que se celebra una ceremonia kimbisa e impedir que se presente la policía: Arrurrú nkángala silá...

Canto, para bautizo de Ganga: con Majagua, Grama de Castilla. «Se bautizan las Gangas con inmersión en el brebaje de yerbas, las del Angel y para la persona— aguardiente, vino seco, tres clases de pimienta Guinea y cocina.— Los cantos comienzan en el mismo momento, el Padre y el Mayordomo: Kímbisi Kínsese Kingrama lére Kin Kangandiambo diambo malongo Kikangandiambo Kesese insimsán gerey Diambo Kínpolo impolo nani lo Mayombero la buena noche, la buena noche Mamá Lola, Sarabanda (si lo tiene) Ke el viejo Elegua me da licencia pa que yo bobe con fumbi ndoki Kunputo mani. (Así se bautizan)."

Canto para el Kinfíti: Sikiringoma yalulendo toma siké.

Canutillo: Totoi.

Caña: Mikanga, Misanga, misangue, Mínsua, Muengue, Marioka.

Caña de azúcar (Sacharum officinarum, Lin.): Madiadiá. Musenga, Madiadiá mungua.

Caña brava (Bambusa vulgaris, Schrad.): Ndolongo Yémbila Dosango. Matombe. Madiadiá gumá.

Caña castellana: Makadia.

Caña fístula (Cassia fistula, Lin.): Monuabo, monuambo.

Caña india: Madiadiá mingonga.

Caña santa (Costus spicatus): Madiadiá nfita. Anguao.

Cañamazo amargo (Paspalum conjugatum): Benangué.

Cañamazo dulce (Axonopus compressus): Panwá.

Cañón: Matende.

Cañón disparando: Matende nsala bongankebe.

Cañón indio: Lugamba.

Caoba (Swietenia macrophylla. S. mahogany): Yukula.
Capataz: Pelawekeka.
Capulina (Mutingia calabura): Babuán.
Capullo de mariposa: Nkangreso.
Cara: Bundí. Itama. Luse.
Carabalí: Kuama nkala, Muana Mbala.
Caracol: Bonantoto. Simbu. Kario.
Caracol: El Gangulero de puro Palo Monte no lo usa para adivinar. Para eso tiene el Espejo. Cuando no tiene pólvora, pregunta con siete caracoles. Sí y no.
Caracoles: Nkobo. Mirar (adivinar) por medio de los caracoles: Vititi Nkobo.
Caraira: Boankatalayo. Bemba, beba.
Caraira: Nui mboaka talaya.
Carambolí (planta cuyas hojas se emplean para curar las paperas: Averrhoa carambola): Muanyere.
Carbón: Etía. Fioteke.
Carbón de palo: Fioteke nkunia.
Carbón de piedra: Fioteke matari.
Carbonera: Munu sando fioteke.
Cárcel, estar encarcelado: Kutamu labambu.
Cárcel: Nso gando, nso Sarabanda.
Cardo santo (Argemone mexicana): Nureongo.
Cardón: Disa.
Carga mágica, el conjunto de materias que componen una nganga: Bulu bulu.
Carga, materias que contienen algunos calderos y que consisten en el cráneo y las cuatro patas de un perro, lechuza, caraira, murciélago, «sollanga» (bichos) y vichichi nfinda (yerbas), la fuerza que actúa en el mágico recipiente se llama: Vriyumba o Biyumba. También tiene oreja «pa que oiga», diente y quijada.
Carne: Mbisi, bisi o bise (lengua de congos Mumboma).
Carne: Bifi, mbifi.
Carne de puerco: Mbisi ngulo.

Carnero: Meme, dimeme.
Carpintero: Ntukufambo, Kokuantín.
Carpintero (pájaro): Nsunso kokantu.
Carreta, rastra: Mankaró.
Carreta, ("Dos ruedas de carreta con una pértiga y una cadena que se engancha a las tosas para sacarlas del monte"): Kimbuelo.
Carruajes: Kumbe makaro ambuata.
Carta: Mukanda, nkanda.
Casa: Nso, (Lengua de congo Musumbe).
Casa, volver a casa: Nso, luri kuenda nso.
Casa, llego a casa a costarme en mi cama: Muno kuisa yenda munanso santikuame.
Casa (lengua de congo Luando): Sualo, nsuako.
Casa: Kanseca. En la casa: monso.
Casa de la Virgen de Regla: Nso Baluande.
Casa del brujo: Nso Ndoki.
Casa «Honda"; la tumba, el cementerio: Kabalonga.
Casa de los muertos (el cementerio): Nso fuiri. Puede decirse también del monte y de la casa del brujo.
Casabe: Marikuyé.
Casado: Nklá.
Casamiento: Kusakana. Te has casado: Ngüeye kuela.
Casamiento: Longo.
Cascabelillo (Crotalaria Latifolia): Koró.
Castaño: Boué.
Cáscara: Lele.
Castigo de Sambi: Sambi ukulando mbele.
Catorce: Makumole. Kumiya.
Cayajabo (Canavalia cubensis, Grised.): Minyora. Gran amuleto.
Cayumbo; planta que tiene grandes virtudes: Iyana.
Cazador: Mbole, walube.
Cazar: Kuela.
Cazador, dispara el tiro de la escopeta y mata: Walube basubán kele busa bondá.

Cazador cazando en tiempo de Cuaresma: Kitómbolo kaki tómbolo wanga la matókolo.
Cazuela: Guincho, nguincho, nkincho, kiuncho, kalubango.
Cazuela: Balonga, Sungo, nsungo, Sungú, Mulán.
Cazuela mágica (Nganga): Mulangunga.
Cazuela para cocinar la comida: Nsungu kama tuya udia.
Cebolla (Allium cepa): Molalo, alulosa, abubosa, fiala, molabo.
Cebolleta (Cyperus rotundus): Mombere, Nfiala tenjé.
Cebollita que se machaca con ajo para dar olor a Nganga: Saku saku.
Cedro (Cedrela odorata): Munguela.
Cedro, árbol, palo: Nkunia menga tuala.
Cedro hembra: Pasia.
Ceiba (Ceiba pentandra): Ngunda, gundo, ngundo, musinda Nsabi, Nkunia mabungu, nangué, Nkunia Fiame, Naribé, Nkunia Sambi, Muluguanda, fuma, nfuma, Nkumbi, nsando, kanda, musina Nsambi, kunia lembán sao.
Ceiba: Sanda. Canto para la Ceiba: Sanda naribé, Sandia nkunia naribé. Sanga fumandonga media noche Dinganguei dinga mundo Pangalám boko media tango Bobela ngungu medio tango.
Ceiba: Nkambo, según un viejo de Santa Clara.
Ceibón de costa (Bombax emarginathum, Dene): Mabire, nainso.
Cementerio: Bansa lomba jasadieto, Kambon finda, Kampo simba. Kunangongo. Kunansó fumbi, findantoto, Nfindantoto, Kunansó frimbo, Kambón sila, Nakue, Malón, Nso, kinako, Kabulonga, Sokinakua.
Cementerio: Chamalongo.
Cementerio (en Kimbisa): Nso kinake.
Cementerio: Kambonfinda, Kambon fila. La dueña de Kambonfinda es Mama Kengue, la Oyá de los congos. (Los adeptos de las sectas mágicas de origen bantú buscan equivalencias para sus mpungos, nkisis y nkitas en el panteón lucumí y en el Santoral de la Iglesia).
Ceniza: Mpolo kubí, mpolo banso, mpolo nkumbre.

Ceniza de palo quemado: Mpolo anso menfuiri.
Centella: Sasi nguila, Nsasi nguila.
Cerca de alambre: Lusansa selambele.
Cerca de madera: Lusansa nkunia.
Cerca de zarza y piñón: Lusansa kere bende mpuko.
Cerdo: Gulo, ngulo, ngulu, gulu, nguluba.
Cerebro: Sambidilanga.
Cerrar la puerta: Bongrí dienso.
Cesta: Galu, ngalu.
Cetro (forrado con kimbisa —grama—, conductor del Espíritu): Kimpungo niwelele Sambianpungo.
Cetro del Mfumo o Padre Nganga. Consiste en una tibia humana. Por su conducto el espíritu penetra en el Padre Nganga: Kisenga. Fisenga. Nwala. Kisengara.
Cetro: Kisinguere. La tibia de esqueleto, o el cuerno que empuña el Mayombero para establecer contacto con el fumbi o espíritu. Se canta: Kisinguere kisinguere Tata. En una iniciación se le enumeran los motivos a la Nganga porque se «raya», se inicia, al neófito. Cae en trance un «perro» —medium— va directamente al que se inicia y dice —es el Fumbi, es espíritu el que habla— qué hay que hacerle inmediatamente. Puede que en el momento de presentarlo a Nganga, el individuo caiga en trance, poseído por el espíritu, y es menester aguantarlo hasta que se le «raya». Una vez «jurado», rayado, —hechos los tatuajes de rigor— se le prepara la vista «para que vea las cosas del más allá».
Chapear, chapeado: Kuma.
Chayote (Sechium edule): Bembanguaria.
Chinche: Insegua.
Chinchona o Palo Vigueta (Exostema ellipticum, Gris.): Moncorina.
Chino: Mingango, moganga, migonga, minkonga.
Chirimoya (Annona reticulata, Lin.): Biloko.
Chiquillo: Watoko, guatoko.
Chismoso: Ndimanguiwa.

Chivo: Chenché, ekomba, Kambo, Kombo, kombón sila.
Chivo: Nkombo. También se le dice nkombo al medium.
Chivo: Nkango, kongó, nkongo.
Chusma, un cualquiera: Ñángara. Chusmón, salvaje, malhechor, nombre que actualmente el pueblo cubano le da a los comunistas.
Ciego: Wafamensu. Kanaba, kanabán.
Cielo: Madioma. Nsulu, sulu, Nsukurulu, sukururio.
Cielo: Nsuru, nsuro, (Lengua de congos Musumbe).
Cielo, estrellas: Sulo temu temu. Sukururu. «Al cielo brinco, lo beso, caigo en la tierra y la beso: Kunsulu kulumoka banantoto bana toto».
Ciempiés: Yarayé. Nsumia, sumia. Mgónlo. Farayé. Bondán, Bimbi.
Ciempiés: Góngoro, ngóngoro. Góngolo, ngóngolo.
Cien: Nkama.
Cigarro blanco: Sunga mindele.
Cigarro negro (tabaco): Sunga bafioto.
Cigarrillo: Sunga mene.
Cimarrón: Pakase lele.
Cimarrón que huye pedorreando: Oakasalele karibondé.
Cinco: Ifumo, Tanu. Ambanu.
Cintura: Eluketo. Mimikakuento. Munila.
Ciprés (Cufressos funebris, Endi.): Nkunilele sambiantuke.
Ciudad grande: Mbansa.
Ciudad, poblado: Kunanbansa.
¡Claro que sí!: ¡Inga!
Clave: Kualu guila.
Clavícula: Dián kisi.
Clavo: Manan sonyé.
Clavo; clavo «guardiero» mágicamente preparado por el brujo para proteger la casa de enemigos y de malas influencias: Bisonso.
Clavos: Bisonso. Amuletos. Con pedazos de cadena y un garabato —un palo— preparado con tierra de la Nganga estos clavos se entierran para hacer daño en la casa que quiera o en la esquina.

Cobrar: Igana.
Cocal: Babomela nfinda.
Cocina: Lambe.
Cocinar: Ise. Akután bile. Akulambila. Mbala kuyo kota. Kamatuya ídia.
Cocina ("¿Dónde está la cocina de tu casa?"): ¿Kilo mudiata nkutu munansó?
Cocinero: Mulombi.
Cocinero de la casa: Nso mualambi.
Coco: Kandián, Nkandián. Kano mputo. Sandu. Kumulenga. Ndungui. Sandi.
Coco seco: Babomela busa.
Coco verde: Babomela mbí.
Coco (Dame el coco): Bana coco.
Cocodrilo: Gando munadansa. Kilán soka.
Cocotero: Mukoko.
Cocuyo: Ntoka ntoka muínda.
Codorniz: Kimbumbi.
Coge: Kuata.
Coger: Tala.
Coger dinero: Tale simbo.
Coito: Fínpita. Niongo.
Cojo: Guafákulo.
Colmena, abeja: Kinkolo.
Columna vertebral: Másima menga.
Columna de madera: Tangan nkunia.
Collar: Sanga ndile.
Collar: Nkutu dilanga, amuleto, resguardo. El collar congo es de todos colores, blanco, amarillo, negro, azul, (cuentas). Se les da sangre de gallo. Se bautizan con agua bendita.
Collar protector: Wuangankise.
Collar: Kimbúngula. Es nombre también de una Nganga.
Collar de hierro: Sanga mbele.
Comer: Gako. Wuamina. Idia. Dilikuamé. Udia. Undián.
Comer: Lubia, udi, urria.

Comer, vamos a comer: Ketudián gako.
Comer bien: Tudia tuyukuete.
Comer. La Mbumba come: Día kuaku Mbumba.
Comida: Ndía.
Comida: Uria. Udia.
Compadre, comadre: Konguako.
Compañero: Ieka. Mpanga samba. Inbadi.
Comprar: Bakusumbe. Kuenda suila. Nika.
Comprar miel: Munu bakusumbe ndimbo kunkole.
Compuesto, brebaje: Musanga. Yegueré.
Con lo que hablo no ofendo a nadie: Dikaye kuri layame.
Concubina: Mukama.
Concubinato: Mpanguibari.
Conejo: Mambimonagonu.
Confusión, lío: Kanka.
Congo (Nación de): Se llamaba nación en general al territorio de donde provenían los esclavos africanos. Congo de Ampanga. Tenían fama de estúpidos, pero eran audaces y atrevidos. De ahí el dicho de ser de Ampanga. «Fulano es de ampanga».
Congo Angola o Ngola.
Congo Angunga.
Congo Babingá.
Congo Babundo.
Congo Bakongo.
Congo Bamba o Mbamba.
Congo Bangá.
Congo Benguela.
Congo Birigoyo o Biringoyo.
Congo Bosongo.
Congo Bungoma.
Congo Butua.
Congo Gangá.
Congo Insola.
Congo Kabinda.
Congo Kabundo.

Congo Kakanda.
Congo Kakongo. También lleva este nombre «un río muy grande».
Congo Kasambo.
Congo Kimbundo.
Congo Kisama.
Congo Kisanga.
Congo Kisí.
Congo Kumba.
Congo Loanda.
Congo Loembi.
Congo Loenga.
Congo Mabika.
Congo Machuka.
Congo Makinimá. «Había pocos de este nombre. Tocaban en un güiro atravesado por un alambre, que apoyaban sobre el pecho y sonaba como un violín. El que lo tocaba no podía cantar».
Congo Makuá.
Congo Maní.
Congo Masango.
Congo Masinga.
Congo Mayombe.
Congo Mbaka. «Eran muy bajitos. Mbaka quiere decir enano».
Congo Mbandole Mbuila.
Congo Mbuila.
Congo Misumbe.
Congo Mobangué.
Congo Mombasa.
Congo Mondongo. «Se consideraba que eran los que peor hablaban. Su lengua parecía Karabalí Bríkamo».
Congo Mosongo.
Congo Mosukambi.
Congo Motembo.
Congo Mpangu.
Congo Muluande. «Una nación de congos».
Congo Mumbala.

Congo Mumbata.
Congo Mumboma. «Son los dueños de la Kimbisa rasa; no tienen Sarabanda».
Congo Mumdamba. «Son Congos Reales».
Congo Munyaka.
Congo Musabela.
Congo Musakamba.
Congo Musamba, Musambo.
Congo Musombe, Musombi.
Congo Musoso.
Congo Musundandián.
Congo Musunde.
Congo Musundia Yanda.
Congo Musukamba.
Congo Musulungo.
Congo Nangú.
Congo Nbungue.
Congo Nduela.
Congo Ngola.
Congo Nikima.
Congo Nsola.
Congo Nsundi.
Congo Ntótila.
Congo Ñongobá.
Congo Pongué.
Congo Sualún. «Eran negros de la costa, se suicidaban o se hacían cimarrones. No vinieron más por eso».
Congo Tótera o Ntótera.
Congo, «El congo decía al karabalí: No sabes nada.» Dongá buichi guria mbembo karabalí wuá koma terewa kongo insambagui.
Congo que vino volando de Africa: Munu kakuisa munatango alemba.
Congo mata gato debajo de la ceiba: Güiri kanda gaonani inkongo abankanga abankanangó.

Congos de la Campana (Congos Reales): Ngungo gunga día ngunga.
Congo curro. Soy un congo muy curro: Katiká kongo locri yaya.
Congo (Un pueblo): Miarinaribo.
Congo Real: Londénbutúa. «Sikongo Lundebutúa, les llamaban a los congos portugueses."
Congo, ciudad. «Como decir la tierra de mis abuelos": Kongo Mbansa.
Construir una casa: Tungrí munanso. Tungrí inso.
Contar: Nika.
Contento: matoka kawuando.
Contento, con dinero: Nyimbo mbuta.
Conversando: Banbangán.
Conversación: Burokoko.
Conversador: Nuá kimpumbo. Mowaopuro.
Copaiba o bálsamo de Guatemala (Copaifera officinalis): Machunto.
Copalillo (Thouinia nervosa): Yimbo.
Copular: Fifita oyongo.
Coquetear, acariciarse, hacer el amor: Timbé.
Corazón: Ntimate. Nti ntima. Timatuma. Mbundu. Bundu tima. Nbundo.
Corazón, amuleto: Nchila.
Corazón de paloma: Maso kuaba.
Corojo (Acrocomia crispa): Gasi. Anyeta. Mosingosé. Bansa mabá. Maba.
Corojo: Ntunde. «Con ntunde se hace aguardiente para la Prenda. Nganga, y aceite».
Correr: Lenga.
Correr: Suame. Silán sala.
Corre, no sabe esconderse: Suame kaba siso.
Corriendo: San san. (Lengua de congo Musumbe.)
Corta hierro: Mbele yungama.
Cortar, corta: Nkonda. konda. Ndele. Kuikirikiá. Bondele. Nbandele.

Cortar árboles con machete: Nkuí kirikián mbele nkunia.
Cortar palo: Kusanga.
Cortarle a un blanco la cabeza: Mundele ntú yisenga.
Cortés, bueno, fino: Mbundu yelo.
Corteza: Nkanda.
Corteza de árbol (lit. ropa de árbol): Lele kunia.
Corto: Basansui.
Cotorra: Kuso. Nkuso. Kasa kabango. Kasaibán. Nsusukusa. Nkusó.
Cotorra: Nsulukusa. Noka penga. Makulo pemba. Kabungo.
Cosa del otro mundo: Kimbomba.
Cosa mala: Yaneka.
Cosa podrida: Yaola.
Cráneo: Kiyumba.
Crecer: Beganguaria.
Creer: Lumbamba.
Criado: Nkeke.
Criollo: Mamputo. Manfuto. Wanfuto.
Criollo blanco: Mundele kimputo.
Crucifijo: Nkagui. Sambiampiri.
Cruz: Kabusa. Kaluso. Tanda.
Cruz: Njubo.
Cruz de Regla de Palo: Ndoki chamalongo.
Cruz de Cuatro Vientos: Nyubo.
Cuaba (Amyris balsamifera): Inkita.
Cuaba blanca: Esi.
Cualquiera: Weyo. Fetu.
Cuaresma: Bangalán kene kilombo.
Cuaresma (Llegó la): Bangalán kele kilombo nifombo.
Cuarto: Suako.
Cuatro: Iya. Tatu. Efuá.
Cuatro esquinas: Dilu. Ndilu.
Cuatro vientos: Kulusu.
Cuba: Ngundo. Kimputo. Kinfuto.
Cubano: Wanfuto.

Cucaracha: Nfusé. Mpesí. Pese. Mpese. Nfika. Inkenweré. Mpesí. Funsé.
Cucaracha de la casa: Inkenwere munansó.
Cucaracha (planta: Zebrina pendula): Ningosa.
Cuco: Mapungo.
Cuchara: Luto. Bangala mondi. Kalú. Nalende.
Cuchara: Guiséngueré. «Cuchara blanca que brilla como oro».
Cuchillo: Koko. Mbeleko. Mbeli. Bele. Mbele. Singu.
Cuchillo, navaja, puñal: Mbelekoko.
Cuentas, perlas: Nsimbu.
Cuento: Munika.
Cuerno: Mbani.
Cuerno: Mpaka. Los cuernos se tienen como amuletos. Se rellenan con bibijaguas, hormigas bravas, alacrán, mancaperro, ciempiés, caballito del Diablo, araña peluda, grillo, murciélago, lechuza, un diente o colmillo y un dedo de la mano o del pie de un cadáver. El Ngangulero lo empuña mientras oficia. El espíritu que «está en el caldero», penetra en él.
Cuerno de carnero: Mpaka memi.
Cuerno de chivo: Mpaka riri.
Cuerno mágico (relleno de sustancias mágicas): Panganga. Mpanganga.
Cuerpo: Masimenga. Nitu.
Cuerpo: Fumanguame.
Cuerpo enfermo: Masimá menga yarí yarí.
Cuero, látigo: Musinga. Siguiri.
Cuero de tigre: Nkandangó.
Cuero, piel del cuerpo: Lele masimenga.
Cueva: Kasimbo, kasimba. Munansó liri bakanga.
Cuidado: Kirio, Nkirio.
Cuje: Yenyé.
Culantro (Eryngium foetidum, Lin.): Bianki.
Culantrillo de pozo (Adiantum tenerum. Sw.): Ngoso. Bianki masa.
Culebra grande: Mbamba.

Culebra, jubo: Ñoka.
Culebra: Sima. Nsiama. Mafuá ñoka. Kinioka.
Culebra, majá, majá de Santa María: Bomá, Mbomá.
Culebrón: Mbamba.
Cumbre, loma: Sulumongo.
Cuñado: Yakara sadi.
Cupido la una (planta, Ginoria americana): Mamboti.
Cura, sacerdote, Santo: Guatukán.
Curandero: Gangangombo. Ganga buka.
Curandero: Gangantare. Vi al curandero, que me mandó a ir al monte y a darme baños con yerbas: Munu yenda gangantare gangantare boba ndinga munu ntala nfita munán seke insita kamatuya munanfita munusita munia masa munanfita.
Curial: Kukuentola.

D

Dagame (el árbol: Calycophyllum candidissimum): Teosé.
Da, dame: Atuyá.
Dame: Tala, tuala, Otuala, Ntalan.
Dame: Atuaba.
Dame: Pandika, mpandika.
Dame: Kuende.
Dame, dar: Támbula.
Dame: Simba.
Dame, te doy: Fukuta.
Dame la botella: Ntalán tumba.
Dame la mano: Demi asene bambollá.
Dame la mano: Simba iembo, paniká lembo.
Dame los fósforos: Nguei tembulen tuya.
Dame un poquito: Atuyá muna yolé.
Dame, dar: Atuyá. **No tengo:** Kasako mambe.
Dar: Kuba.
Daño: Diambo.
Daño, maleficio: Kualona.
Dedo: Mioko, Mioka. (Lengua de los congos Mombasa).
Dedo: Ngüika, Güika, Ngüika nene.
Dedos: Nlembo, Lembo.
Dedos (Los): Mi lembe.
Dedos del pie: Lúmbe.
Derretir, derretido: Languán.
Desamparado estoy, protéjeme Dios: Kinakín Sambia.
Deseo, quiero: Ntondele.

Despacio: Sualo sualo.
Despierto: Wiriko.
Desprenderse: Sakri, sakrilá.
¡Detente!, silencio, calla: ¡Mambé!
Día: Bá.
Día: Muine.
Día: Melembe (en lengua de congos Musumbe).
Día: Lumbo. El día de hoy: Lumbo wuaki. Lembe kuangui.
Día, Ya es de día: Yakuma nkiri.
Día caliente: Muini ntanga.
Día de hoy: Lumbo waki. ¿Qué día?: ¿Ka lumbo?
Días de la semana: «Son cinco que se llaman: Nsala, Nkando, Nkonsi, Dengue, Diansona».
Diablo: Kibundo.
Diablo: Karire, Kachika, Minianpungo, Lungambé.
Diablo: Kachanga (Aradyá).
Diablo, brujo: Ndoki.
Diablo (El): Kuiki Mafinda.
Diablo (El): Tata Lubuisa.
Diablo (El): Kadiampembe, Sampungo.
Diablo, espíritu malo: Doki.
Diablo, espíritu malo: Lukankansa.
Diablo: los congos comparan un espíritu malo; Kandiampembe, a nuestro Diablo.
Diablo, «Yo soy el Diablo que acaba con el Mundo": Tata Lubuisa munu bafunga ma kongo guadia mundu.
Diablo: «El Diablo está acabando con el mundo": Tata Lubuisa bafungo bakongo guadia bando.
Diablo: Síndo aí lén baki. Llamando al Diablo: Elúfamá.
Diablo: Sokinakue.
Diablo: Kadiampembe. Lo identifican los congos con el Diablo, como los lucumí a Echu con Satanás.
Diablo: Minianpungú aminián pungo cachika karire Sampúngo.

Dialecto: Siete dialectos bantú dicen los viejos que se hablan en Cuba. Así oímos en un Mambo: «Los siete idiomas que toítico sirve simambé yo aguanta vara... Simambé, los siete idioma».
Dichoso: Totelán simbo.
Dieciséis: Mason bowale.
Dieciséis: Kumisabami.
Diecisiete: Kumisabuare.
Dieciocho: Kuminona.
Diecinueve: Kumifuá.
Diente: Menu, meno (lengua de los congos Mumboma).
Diez: Mandayota.
Diez: Kumi.
Dinero: Simbo, simbongo, nbongo.
Dinero: Nyibo, Nyimbo, Nsimbo.
Dinero (antiguamente en el Congo usaban una especie de caracol —distinto a los de los lucumí—): Simbo kilombe.
Dinero abundante; «dinero grande": Nsimbo Ndiako. Mbongo Simbo.
Dinero amarrado al bolsillo: Simbo kongri munankutu.
Dinero en el bolsillo: Simbo diata munankutu.
Dinero en el bolsillo: Simbo siboaka diata munan kutu.
Dinero en la casa: Simbo kunansó.
Dinero guardado: Simbo siboaka.
Dinero llama dinero: Kandasimbo.
Dios, El Creador: Sambia. Nsambi.
Dios, Santísimo: Mulungú.
Dios perdóname: Tukenguei ntuke, Nguei Dambi ntuke.
Dios concédeme: Sambia watuka, Nsambi watuka.
Dios nos guarde: Bakulu lele nkulu.
Dios me castiga: Msambia Mpungu meta wankita.
Dios abrió la puerta del cielo: Sambiampungu sulu dienso.
Dios quiera: Santakiambote Mbari.
Dios quiera: Boanda Kambote.
Dios quiera: Bonangunga kusolele. Santa kiambote mbari.
Dios que está en la tierra: Mpungun Sambi bisa munantoto.

Dios equivalente al orisha Eleguá de los lucumí: Bakuende Mpungu.
Dios que vive en el cielo: Tubisián Sambia bisa munansulu.
Dios en el cielo y Dios en la tierra: Nsukururú Sambia ampungo, Nsukururú Sambia Ntoto.
Dios nos conserve la vida: Buna baku kolele nkulu.
Dios te protege, te librará del mal: Nsambi kaku yola ndiambo.
Dios nos de fuerza: Ngani insambia Mpungu molumba.
Dios te bendiga, te guarde, te libre del mal: Sakula mumbansa musakula musukuenda sanga ntibá kariri fuayande.
Dios nos permita que te hagan daño: Nsambi kokuyila Diambo.
Dios, el Creador: Sambia: Igual que a Olodumare —el Dios Supremo de los lucumí— no se le hacen sacrificios, y como Olodumare «vive arriba, alejado de todo». En un tiempo sus hijos habitaban con él en el cielo, pero lo contrariaban, se conducían mal, y un día Sambia, aburrido, los mandó a la tierra. Les dió semillas para que las sembraran y no se murieran de hambre».
Diosa: Mpungu. Karien pémbe, equivalente a la diosa Oyá de los lucumí, mujer de Changó.
Disparar tiros: Bongán kele.
Disparar la escopeta. Matar con escopeta: Busubankele busabondá.
Divinidad equivalente al orisha Osain, «dueño del monte": Sindaula, Sindaula dundu yembaka kutanseka.
Divinidad conga «cuya característica es robar,» «ladrón como San Benito": Mpungu Bamburi.
Divinidad equivalente a Obatalá —de los lucumí—: Iñáñaba.
Doce: Kumiyole.
Doce: Makuyé.
Doce del día: Tango sika mene.
Doce de la noche: Dikolombo lodidiángo.
Dolor: Yela.
Dolor: Lunsa.
Dolor: Benganfuri, Mbenganfuri.

Dolor en el pecho: Ntulu yela. Ntulu yari yari.
Domingo: Diansona.
Doncella: Kiwaka.
Donde: Kilumbo, kiló.
¿Dónde está la pólvora?: ¿Ta ta ta tio tio mputo?
¿Dónde está la soga?: Tata kabula laso.
¿Dónde naciste?: ¿Ansi batu kila?
Donde quiera que vayas limpia (Se dice al limpiar con la pólvora, al ejecutar un rito): Tukuenda komba sese.
Dormir: Léka.
Dormir: Solele.
Dormir (voy a): Léka kuame. Ve a dormir: Léka kune.
Dormir bien: Léka buó, Kaleka, malembi.
Dos: Yolé.
Dos: Tauo.
Dos: Yari.
Dotación, cabildo: Misima.
Duele: Yele.
Dueña, Madre de Nganga: Nguda Nkita.
Dueño, Señor: Gangán gumbo.
Dueño: Dundu mbe.
Dueño de la Nganga: Patiganga.
Dueño de una casa-templo de Regla Conga, el de mayor jerarquía, «como si dejésemos, primer jefe": Mpambia.
Duerma bien: Léka buó.
Dulce: Dimbo, Ndimbo.
Durante el día: Kunanga.
Durante la noche: Kuseka.
Durmiendo: Talekendo.

E

Edad (La): Kisoko.
El, ella, otro: Muene.
El equivalente en congo del Dios Eleguá lucumí, «que abre los caminos": Punga Mafula. Otro nombre de este Mpungu' o fuerza: Pungu Mensu.
El Perro vomita si come más: Imboan gonguré mbo angóngure.
Elefante: Nsacho, Insan.
Elefante: Bondantuei.
Elefante del monte, silvestre: Pakasa.
Elefante domesticado: Sao, Nsao, Nsawo, Nnsan.
Elefante, (testículo de): Sempakata Nsao.
Embarazada: Loyú.
Embarcadero, (En Africa): Munanyanya.
Embarcadero, (En Africa): Sabrikongo lukuamambo, Mbaka.
Embarcadero, (En Africa): Muluanda.
Enamorado: Yambisa.
Enamorar: Yambisa.
Enano: «Cosa mala chiquita que camina de noche": Ndundu Mbaka.
Enano: Libolo (enano mítico, duende que aparece anochecido por los trillos.)
Encender, enciende: Tuya, ntuya.
Enciende vela: Songuilá lumuine.
Encocorar: Nsungo.
Encrucijada, las cuatro esquinas: Pambián sila.
Energía, poder: Wánga.

Enfermedad: Kuakumenu.
Enfermedad: Yari yari, Yemba, yembo.
Enfermé en el mar: Munu ntu yela kalunga.
Enfermo, estoy enfermo: Yera; yari.
Enfermo: Yányara.
Enfermo, «cañengo": Babelango.
Enfermo, «estar matungo": Buru, kata kata.
Enfermo: Tubelanga. Los enfermos tienen que morir: Tubelanga fuá fuánga.
Engañando: Takulakongo (lengua de los congos Mumbosa).
Enojarse: Fula botán kando.
Entender, entendido: Tukuenda, tukuendanga.
Enterrar: Kunfunda.
Entierro (de un gran personaje): Moana mutamba ntu fûiri bamba nkuna sindiló.
Entierro, sepultura: Lukamba nfinda ntoto.
Envidia: Kimpa, kimpalu, kimpala: «la brujería mala vive de la envidia."
Epilepsia: Nianga.
Erección: Nfia timbisi.
Esclavitud: «la esclavitud se acabó ¡Todos somos iguales!» Decían los carabalí que eran mitad congos (semi-bantú): Karabalí kubrí kuame isayako kinyenye.
Esclavo: Mabika, mubika, muika.
Esclavo: Mbaki, musensa.
Esclavo: Munaya beche.
Esclavo: Moananambati.
Esclavo: Babika (también los congos llamaban babika a los lucumí).
Esclavo, dame un poco de...: Otuala munaya beche.
Escoba: Monsi, nmonsi.
Escoba: Kamba.
Escoba amarga (Parthenium hysterophorus): Baombo.
Escoba de barrer: nsala la lera ntiti.
Escoba de palma de corojo: Kamba anyeta.
Esconder, esconderse: Kabansiero, kabanchielo.

Escopeta: Nkele, kele.
Escribano, «síndico": Nsosi.
Escribir: Masanika, chikuere.
Escribir (pluma de): Mukanda.
Escribir una carta para La Habana: Katekán kanda bansa kunanbansa.
Escúchame: Guisá.
Escuchar: Sikilimambo.
Español: Musuluwandio.
Espartillo: Bebelú.
Espejo: Lumuino, lumino.
Espejo: Lumueno o Vititi Mensu. (Un brujo puede desgraciar lanzando sobre un individuo o sobre una casa la luz que se refleje en éste. El espejo se incrusta en el extremo de un cuerno, Mpaka lumueno. (El que emplea el adivino, para descubrir lo que se desea saber).
Espejo mágico, mirar el adivino en el espejo: Bikayoko pangán mensu.
Espejo del adivino: Mensu vititi (ojo-yerba): mensu, el espejo mágico en que el Ngangulero «ve la brujería», vititi, porque los hechizos se hacen con yerbas.
Espejuelo: Lumeno.
Espigelia (Spigelia anthelmia): Komagua.
Espina: Kere Benda.
Espina: Kunia.
Espíritu: Ngundu. Ndúndu.
Espíritu: Dibamba.
Espíritu: Yemberekén.
Espíritu, «ángel": Dúndu.
Espíritu del monte: Simbi o Yimbi.
Espíritu, duende, maleficio: Indiambo. Ndoki, Yaití. Sirve para llagar y envenenar. Ciega a un enemigo.
Espíritu: Ncuyo. Es otro ente diabólico. Un Eleguá congo que no sale del Monte, según los kimbisa de la Regla Santo Cristo del Buen Viaje, «un pariente de los ndoki» —me explica una vieja

hija de congos— «pues camina chiquito en la manigua y llora como un niño...» Otro viejo, a quien consulto sobre la procendencia de este «echu» congo, (diablo) muy temido, me asegura que es el mismo mayombero «judío», que «en tiempos de la colonia», se sabía que se transformaba en Ncuyo, enano horroroso, para hacer daño a los otros mayomberos, o a los negros de la dotación o de otras dotaciones con quienes tenía alguna diferencia.

Espíritu acuático, de ríos y lagunas: Mbuiri, Nkisi masa.
Espíritu, brujería: Kindoki, kilumbo.
Espíritu del muerto: Nfumbi.
Espíritu: Yimbi. Y se dice del medium cuando se encuentra en trance.
Espíritu, fantasma: Musanga.
Espíritu, «serpiente de agua», «Madre de Agua": Mbumba, Nkisi Mbumba.
Espíritu: Boúmba. (Espíritu que actúa en el caldero y las sustancias que participan de estos, «son Boúmba").
Espíritu «malo que tenían algunos congos en el vientre": Ndongo.
Espíritu, «Padre del Agua": Kisimbia kimasa.
Espíritu de la manigua: Nkisi minseke.
Espíritu de Agua: Nkita kuna masa, algunos matanceros le llaman también Simbi Nkita. El Nkita se lleva a los Nkiso (calderos, recipientes mágicos) y se va a buscar al río o a la laguna. Se incorpora en un matari —piedra— que se coloca en el recipiente.
Espíritu de muerto, prenda de muerto: Vriyumba. Biyumba.
Espíritu de hombre que cura, o lo que cura: Kindamba (o Ndambi) Kiá Kusaka.
Espíritu malo, duende: Diambo, ndiambo.
Espíritu que vive bajo el agua y habita en el majá: Nkisi Mbomba.
Espíritu «como un Eleguá congo": Nkuyo.

Espíritu, divinidad —Mpungu— de los Vientos: Kilongo, Tata Kilongo.
Espíritu, «Prenda que se hace con pájaros y se guarda en güiro y habla": Kimbundo.
Espíritu (que vive en el monte): Dinganga.
Espíritu, espíritu de agua: Kisimbi.
Espíritu de «muerto y de bichos": Biyumba, Vriyumba: Dentro del caldero de tres pies se instala el Espíritu Viyumba. Lleva dentro tierra y polvo de las cuatro esquinas, del centro del cementerio, y un clavo de llanta. La tierra se mezcla con comején, se envuelve con un género negro y otro rojo y se amarra al clavo. Se introduce además en el caldero una bola de yerba que se encuentra en el estómago de la vaca. «Después de puesta la tierra y los trapos en el caldero, se coloca un cabo de vela en el centro, y la Prenda se llamará Mundo Camposanto».
Espíritus de los antepasados: Bakulu.
Espíritu: Dundu. Espíritu, ánima, sombra. (El espíritu entra y sale por la boca. Robando aliento y voz, se roba el alma).
Espíritus: Nkita. Son espíritus de muertos. De algunos que murieron violentamente. Los viejos los tenían en Güiros. Se van a buscar al Monte o al río.
Espíritus: Katukemba.
Espíritus: Ndoki. Espíritu malo. Vampiro. Hechicero o «brujo de mayombe» «Los juegos, actualmente, a un ente judío» parecido, de piel negra, le llaman: Vrykolakas.
Espíritus, que actúan en las Ngangas y maneja el Padre Nganga: Fumbi, fûiri, gangas kin— kindidi, es un espíritu que se aparece en un monte firme.
Espíritus, fuerzas: Npungu Mbumba. «Es de Loango, unos dicen que se mete en el majá, o es el mismo Majá Santo». Mbumba le llamaban en el campo al saco o jolongo en que guardaban su Prenda.
Esposa: Nkana.
Espuela de Caballero (una planta: Jacquinia aculeata): Imbo.
Esquina: Pambián Nsila.

Esquina (las cuatro): Andilú.
Estar: Diata. Estar en casa: Diata munansó. La mujer está en la casa: Nkento moana diata munansó. Los árboles están en el campo y la luna en el cielo: Nui diata nkunia munanfinda lugonda diata munansulu.
Estar en todo: Basángui.
Estefanote (Stephanotis floribunda): Mundela.
Estoy: yera.
Estoy llorando: Munungasa.
Estoy muerto donde quiera que voy: Yo tóndele kuamé.
Estómago: Lukuto, lokunto.
Estómago: Puan Boane.
Estrellar: Totínwa.
Estrellar: Temu temu.
Estrellas: Buetéte. Buéte.
Estrellas: Teténwanga. Tetemboa. Tetendía Maka.
Estrellas (las): Tango bonansisa.
Estrellas (las): Bunansisa (lengua de congos Musunde).
Estrella: Makoria (lengua de congos Mumboma).
Estudiar, aprender, meditar: Kudilonga.
Etnias del Congo: Kongo, Angungá, Angola, Bangüela o Bengüela, Biringoyo, Musulungo, Bosongo, Bungoma o Bungame, Kabinda, Kokoyo, Makuá, Kambaka, Motembo, Mumboma, Musundi, Mayombe, Musinga, Munyaka, Bayaka, Mbaka, Mbákara, Bafiota, Bafumbo, Basundi, Baluba, Loango, Mundamba, Musongo, Ntótera, Mbuila, Gangá ("congo gangá"), Maní, Mobangué, Mayumba, Mombasa, Mondongo, Musabela, Esola, Kambaka, Mábika. Ver también «Congo».
Excusado, común: Somunan tufe.
Excusado: Nso Túfi.
Excremento: Tufe, tufi, ntufi.
Extranjero, «que no es criollo": Luwanda.
Extranjero blanco: Mundele lunwando.

F

Faja: Fandá.
Faja: Pondá.
Falleció: Tondoló kuame.
Fama: Bango.
Familia: Kanda.
Fantasma, aparecido: Fuá ka fuá.
Fantasma, espíritu: Kinkindikí.
Favor: Sofeka, nsofeka.
Favor: Masikila.
Ferrocarril: Guio kila.
Ferrocarril, tren: Nkumbre kunayiere.
Fiera (un tigre): Gongoya.
Fiesta: Sikiringoma, Kisombiakia.
Fiesta: Kisingokia Ngola.
Fiesta: Bangalán.
Fiesta, baile: Kuma kiá Ngola.
Fiesta, música: Mumboma.
Fiesta profana de los congos: Bángala bo.
Fiesta de los congos Ngola (congos portugueses): Kisonba kiá Ngola.
Fiesta de congos: Kisomba kiá Ngongo.
Final del camino: Nsila Kukiela.
Firma: Patibemba.
Firma o trazo mágico que hacen los congos en el suelo: Bangó. Le llaman también Atororó naguí, o negú o Gandó.

Firma o signo que traza en el suelo el gangulero con yeso, Firmar: Katikanpolo munantoto.
Firma: Cuando el dueño de una nganga traza en el suelo con tiza el signo o firma mágica, pregunta: ¿Krabanta sila kié krabantan sila? ¿Sila luwanda? ¿Sila mumboma? ¿Sila Ngola?
Flecha: Fendindé.
Flecha: Yilo.
Floja (una cosa floja y que suena): Tui Kamasinda, Tui Bangala.
Flojo, blando: Tuí kabalangá.
Flojo (algo que está): Tui kamasinda.
Flor de agua (Eichhornia azurea): Tikorón.
Flor de mariposa (Hedychium coronarium): Nkando, Fititi Nkangriso.
Fogón: Kuta, nkuto, munantuya.
Fogón: Muyaka, maka.
Fornicar: Timbé; Fifita oyongo.
Fragua: Kita likiame.
Frailecillo (pájaro): Gono gone.
Freír: Guangantete.
Frente: Fulamensu.
Frijol gandul (gandúa en Pinar del Río) (Cajanus indicus): Guandi.
Frijoles: Guandi, Nkita lumbe.
Frijoles colorados: Guandu mayonda lele.
Frijoles negros (Phaseolus vulgaris): Madenso.
Frío: Kiose.
Frío: Muingui.
Fruta: Machafio.
Fruta bomba, papaya (Carica papaya): Machafio kisondo.
Frutería: Munu sandio machafio.
Fue así: Kubilanga.
Fuego: Lemo, Bukula.
Fuego, luz: Bukulú.
Fuerte, sano: Tusiama.
Fuerte, recio: Yembú, bila.

Fuerza: Ngunsa, golo, ngolo.
Fuimos a trabajar al ingenio. Rompimos la tierra y sembramos caña: Munu yenda muna banfuko ntala ngombe katá toto salanga ngombe furi musenga.
Fumar: Basuke súnga.
Fumar, fumo: Munu suké nsunga.
Fumar: Fatibemba.
Fundamento; (Nganga de un mayombero): Songue munalanga, pungún banso, yaya wanga, bango sasinguili.
Funeraria: Yémba, Fuá nso.

G

Galán de día (Cestrum diurnum): Montoi.
Galán de noche (C. nocturnum): Deóndoko.
Galleta: Pojitana.
Gallina: Nsusu, sunsuketo, susukeké.
Gallina: Wanabalo, Wanambolo.
Gallina blanca: Nsuso mambemba.
Gallina blanca: Susu nampemba, nsusu odiampembe.
Gallina de guinea: Sukele, nsukele, sunsu kiakara.
Gallina negra: Sunsudame.
Gallina prieta: Nsuso mandambé, nsudame, sudame.
Gallinita, pollito: Yambé keré.
Gallina y pollo enanos: Nsusu ambeguese.
Gallo: Susún kokoro, sunsú keké, susunwere.
Gallo blanco: Nsusu wampembe.
Gallo blanco: Sunsu kombolo.
Gallo indio: Nsusu yamboakí.
Gallo negro: Nsunsu yamdobe.
Ganancia, «derechos del Taita Nganga:» Kinganga.
Gancho: Samio.
Gandinga (toda): Nchugandinga.
Ganso: Wánkala.
Garabato, palo en forma de garabato que los ganguleros emplean en sus magias: Lungoa.
Garabato: Mombala.
Garrafón: Bumbo, nbumbo.
Garrafón: Ntumbónfialo.

Garza: Chukensara, chonkukusara, chuwensara.
Garza: Chonwé ansaro.
Garza blanca: Chonwé ansa mundele.
Gato: Kimbungo.
Gato: Chiwabe.
Gato: Fumankano, fundiankane.
Gato: Güai, nguai, güirimiko, ngüirimiko.
Gato: Tualengo.
Gato para magia: Bumba.
Gato «que está molesto": Bula.
Gavilán: Wángala.
Gavilán: Lubako, kubete.
Gavilán: Kinwanga, kinwembo.
Gavilán: Kunanbantatele, wuángala.
Gavilán: Gusiako, glusiake.
Gavilán: Nui ntare, nui lusanga yaya.
General, Mayor General: Nfumo bata.
Genio o divinidad del mar más fuerte que Kalunga. Es el ventarrón «que saca el mar afuera y produce el ras de mar": Lómbalo.
Genitales femeninos: Manankoto.
Gente, la humanidad: Bantu. Mucha gente: Kipela.
Girasol (Helianthus annuns, L.): Tango.
Girasol: Yongoso.
Gobernador: Fiomaboto oto banka.
Gobernador: Nfumo Batá otabanga.
Golondrina: Nui sunsu kuni.
Golondrina: mandalala. mundalala.
Goloso: Mbiki.
Gordo: Buamato.
Gorrión: sosulongi.
Gracias: Ndondele, Ntandele, tondele, ntandala moana.
Gracias: Nkimandi, nkimanki, Sundi, donso, ndonso.
Gracias: Manbote.
Gracias: Wuanka, nwuanka.

Grama (Cinodon dactylon): Nfita solanki.
Grama: Nfita kimbansa.
Gran señor (en gangá): Pana.
Granadillo (Punica granatum): Monduo.
Grande: Nkián kián masa mandombe.
Grande: Ntukuá.
Granizo: Matari mambumbúa. Matari mamba.
Grillo: Tendá.
Grillo: Nsense.
Grillo: Chechengome, Chichigoma.
Grito, gritar: kata, kata kata.
Grosella (Phyllanthus acidus): Bunda.
Grupo; aglomeración de personas o cosas: krikoria.
Grupo de estrellas en el cielo: Krikoria temu temu munansulu.
Guacamaya (Cassia alata): Nui sunsu nisaule.
Guacamaya amarilla (Caesalpinia pulcherrima): Yankololo.
Guajaca (Dendropogon usneoides): Monunbáo.
Guajacón (pececillo): Sonsi tiyere.
Guamá (Lonchocarpus latifolius): Nkunu bonda mabisa.
Guamá: Inkita kuama.
Guamá hediondo: Biosunkén.
Guamá de costa: Yereketé, tereguamá.
Guanábana (Annona muricata L.): Ombandinga.
Guanábana: Guanika.
Guanajo, pavo: Nsowawo, asonwá, asowá. Susúnwawuo.
Guanjo: nsuwawuo.
Guano: Malansi, molunse.
Guano blanco (Copernicia glabrescens): Toyenkén.
Guao (Comocladia dentata, Jacq.): Mabín bi.
Guao: Finanké.
Guara (Cupania cubensis, Maza et Moet.): Nyuko.
Guara: Awuán.
Guardia rural; policía: Mókua puto.
Guarapo: Songalafo.
Guardar: Nbaka.

Guasasa: Buengue nene.
Guásima (Guazuma ulmifolia): Nkunia fuadí, Owungué.
Guataca, azadón: Senga, nsenga, insengue. Guengo. Mbelen sengue. Wengo.
Guayaba (Psidium guajaba, Lin.): Wankabilunga.
Guayaba: Nfuruta.
Guayabito: Puku adioyo.
Guayacán (Guaiacum officinale): Yunkawa.
Guerra, porfía: Mulonga.
Guerra: Gondomakayira (en lengua de congos Makuá).
Guinea: Nsunguele, sunguele.
Guinea por Africa: Guiní.
Guineos: Yereré. «Pareja de guineos": Yereréganga sanga kimbimbí.
Guineos en bandadas: Yereré banda banda.
Güira (Crescentia cujete, Lin.): Mputo wankala.
Güira, güiro: Nkulu.
Güira cimarrona (Lagenaria vulgaris): Miato.
Güira cimarrona: Kokolimo.
Güira cimarrona: Wéke.
Güiro mágico y espíritu dueño de la vegetación, como el orisha Osain de los lucumí: Gangalanfula.
Guüiro que prepara el Ngangulero con diecisiete palos fuertes y cabeza, lengua, patas y corazón de loro, cao, cotorra y otros pájaros. Adivina, le habla al oído a su dueño y canta: Gurunfinda. «El que lo recibe tiene que tener el esqueleto de un niño en una cajita». Para fabricar un Gurufinda se desenterraba un feto del cementerio y se disecaba, o se cogía de una mujer que malpariese. «Gurunfinda es el Osain de los congos».
Guiro grande: Tumbrinfialo.
Guitarra: Lambrilé matoko.
Guitarra y marímbula: Sansimatoko.
Gusano: Luweña.
Gusano que roe el cadáver: Ntowa.
Gusano de tierra: Inkangrisó, sollanga.

H

Habana, La: Rivansa fumbe lombe, Kumbansa londe, Mbansa Bana.
Habana, La: Kunanbansa.
Habichuelas: Kasa, nkasa.
Hablar: Bobandinga, boba, mboba.
Hablar, voz: Ndinga, taba, ntaba.
Hablar: Gongolé, ngongolé.
Hable: Nguei munu ndinga.
Hablo, voy a hablar: Wa mambo.
Hablo con el corazón, sinceramente: Ngángala kufuá.
Hablando, augurando el vidente: Mpanga mensu bandinga, ba ndinga.
Hablando, augurando el vidente y valiéndose del espejo mágico.
Hacer: Kuila.
Hacer, fabricar: Tungrí kamatuya.
Hacer café, haz café: Tungrí ámbola tufiolo.
Hacha: Krengo, loasi, maloasé.
Hacha: Bele, mbele.
Hamaca: Pulo, mpulo.
Harina: Diba, ndiba.
Hasta: Basi, masi.
Hasta mañana: Masimene, ntán basimene.
Hasta luego: Kunansare brikuenda.
Hay: Agüei.
Hechicero, el: Musamba.
Helecho de río (Osmunda regalis, Lin.): Nfita masa.

Hembra: Nkendo, nkenta.
Hermafrodita, «hembra y macho": Luango natande, oboko.
Hermana: Mpangui yakala.
Hermana de sacramento de Nganga: Munandumba.
Hermano: Fumbie, nfumbie.
Hermano: Niambie, pakisiame.
Hermano: Aburo.
Hermano: Nkombo.
Hermano; cófrade: Nkondo.
Hermano, cófrade: Munangüeye. Munanweye. «Los munanweyes o nweyes son los espíritus de los muertos». Hermanos de un templo o Nso Nganga.
Hermano come: Mpangu di kuako.
Hermano ¿cómo estás?: Malembe mpangui.
Hermano de Nganga: Mpangui.
Hermanos cuando duermen: Tango ya gondá.
Hermosa: Boloya.
Hermosa, persona agradable: Moana butantoko.
Hernia, quebradura: Munúngua.
Herrero: Lufu.
Hierbas: Bikanda.
Hierro: Songé.
Hicaco (Chrysobalanus Icaco, Lin.): Mungaoka.
Hígado: Imoyo, kimoyo, musima.
Higos: Niasa.
Hija de la Nganga (iniciada en Regla de Congos): Moana Nganga.
Hijas: Guandin.
Hijo: Munafuto, munana.
Hijo del Rey: Monono nsambre.
Hijo nuestro: Muanaeto.
Hijo de Africa: Buta kpngo.
Hijo de Dios: Monono Nsambi.
Hijo mayor: Mpanga mbuto.
Hijo del vecino: Moana luke.
Hilo: Babuso.

Hilo, era de corojo: Yasín galoaba.
Hincarse de rodillas: Sibulando, pukama.
Hincarse en la tierra: Fuekame munantoto.
Hinchado: Mabimbi.
Hipopótamo: Ngubo.
Historia, cuento o historia del tiempo de antes: Bambuto.
Hoja: Difué, kuku, nkanda.
Hoja menuda: Otokó.
Hombre: Ambaro, burubano, mabumboa.
Hombre: Yakara, yakala, yaroka.
Hombre: Gualada, mabemba, bakala.
Hombre blanco; güira: Puto.
Hombre grande: Kumbi yanda.
Hombre malvado, brujo: Yakala di ndoki.
Hombre valiente: Yenyén kitán.
Hombre que estuvo enterrado en el cementerio: Yakara muane mpangarian lukamba nfinfa ntoto. (Se refiere al iniciado en Regla de Congos, que entierra en el cementerio la ropa que vestirá el día de su consagración).
Hombre majá, «El Nganga que se vuelve majá» (Facultad que tenían algunos brujos): Mboma kito.
Hombres: Bakala.
Hormiga: Kiniomi, miasina, miansima, nfitete.
Hormiga brava: Fikaya, fuila.
Horno de quemar carbón: Sulungo nkunia banso menfuri fioteke.
Hospital: Kuanso, kumanso.
Hoy, día: Lelu.
Hoy: Kuanguí, guaki, okiñúa.
Hoy, el día de hoy: Lumbo kuaki, lumbo kuamgui.
Hoyo: Kuko.
Huele a chivo: Kombo akamba.
Hueso: matari pemba, mfansi, biyesi, yesi.
Hueso de elefante: Sampakata nsao.
Huesos: Kongoma, kanguame, musombo.
Huevo: Maume, miansi, makata, makato.

Huevos: mankima nsuso, lele.
Humanidad: Bantu.
Humo: Disi. Suchúngara.

I

Iglesia: Amasú kupubula, amasú mpubola.
Iglesia: Nkisi munansó kisi, kunansó, Mfúmbala.
Iglesia católica, Casa de Dios: Nsó mana Sambia.
Ignorar, no saber: Dialamenso.
Iguana: Wéña. Linweña.
Imploración, «¡Ay Dios y todos los Santos!": Batukuran Sambi bukurunda bingarará nguei. O ¡Batukandúmbe bakurunda bingarará nguei.
Incienso: Polo, mpolo Sambia.
Inclinarse: Kusun deleka.
Indignación, ira: Makasi.
Indignación: Tombón kolo kukiangola. «Estoy indignado, molesto": Munu tombón kolo.
Indio: Minganga badigaso.
Indio: Yamboaki.
Infierno: Lurian bansa kariempembe.
Infierno: Yenda kumbansa, kumbamba.
Ingenio de fabricar azúcar: Bunanfuko.
Iniciación o «juramento": Bundán kisi. Bundankisinganga, kimba.
Iniciación, juramento: Kimba, kimbo. (En mayombe y loango).
Iniciación, «juramento». Cuando se hacen las incisiones en el adepto se dice: Mbele ngángano cóta van que cóta. Mbele ngángano.
Iniciado, «jurado": Mpangui sama. Kirano.
Iniciados, «rayados», neófitos: Malembe goganti. Yákara moana. Mpangián lukamba nfinda ntoto. «Hombre que estuvo enterrado

en el cementerio». Se refiere a que el iniciado entierra en el cementerio la ropa que vestirá para su iniciación.
Iniciando: Bangarake mamboya panguiame.
Insignificante: mabangansulu.
Insulto, ¡tu abuelo!: ¡Singa etu mungua!
Insulto, «¡La P. de tu madre!": ¡Kontoria wako! O: ¡Kunankuako!
Instrumento de música que se hace con una vara y una cuerda: Chimuene muene.
Inteligencia: Ntu.
Invertido: Manganene.
Invocación, canto «mambo», para llamar al espíritu: Tankoyalén wisinkángala ndiambo.
Invocación «al infinito para enviar un mensaje al cielo con un pajarito, el tié tié, parecido a la bijirita, que vuela muy alto": Mbaka tié tié.
Ir andando: Tukuenda.
Irse, se va: Mbakuako. Yo me voy: Mono kuenda ciaku.

J

Jabón: Saba, nsaba, lamgu.
Jaboncillo (Covania polygama, Jacq. Urb.): Languí.
Jagua (Genipa americana, Lin.): Diambula.
Jagüey, (Ficus membranacea, G. Wright): Barakanone otakondo.
Jagüey: Sande, sandu, malomuka.
Jaiba: Sansi, nsansi.
Jarro: Disanga.
Jefe, el que manda, mayor de la casa: Ngubula.
Jefe, Presidente: Mbansa.
Jefe, Amo, el Mayor de la Regla: Fumo, Nfumo.
Jefe: Mpangala, Nfumo Nkento.
Jefe bueno: Nfumo bunto.
Jefe del templo o casa Nganga: Nkisa.
Jefe, persona importante, «como un Obispo», «soy el Jefe": Munu bain munaleye ya lukaya.
Jengibre (Zingíber officinale): Túa, Ntúa.
Jesucristo: Pungún kulo, Pankukinlanga.
Jesucristo, «nombre que tiene en Congo": Pandilanga, Pankilanga.
Jía (Casearía aculeata, Jacq.): Mosumbila.
Jía blanca (Casearia alba): Totokongo.
Jía amarilla (Casearia ramiflora, Vahl.): Mosumbila.
Jícara: Watá, Wuánkala, nputo guánkala.
Jícara: Futu kuankala.
Jicotea: Gurú, fuko, furio, fulú, nflú, nfuru, surio.
Jicotea: Nkufo.

Jicotea (hechizo compuesto con): Sarakuseko.
Jimaguas, mellizos: Basimba kalulu masa.
Jimagua: Mpansa.
Jiquí (Pera bumelifolia, Gris.): Bota, ntuenke.
Jobo (Spendias membia, Lin): Grenguerengué kunansieto, Guengé, menguengué.
Jolongo: Mujamba.
Jorobado: Guatekamá.
Joven: Matoko, baleke, muleke.
Jubo: Ñanka, ñuka, ñioka.
Júcaro (Bucida buceras, Lin.): Ntotoine.
Judío (pájaro): Ntukufanbo.
Juego de Maní: de los Congos. Consistía en bailar y cantar en rueda, golpeándose muy duramente los jugadores.
Jugar palo, oficiar el Nganga: Yimbirá.
Jugar palo, celebrar los ritos: Simbankisi. Practicar los ritos los miembros de una corporación religiosa: Kike, nkike.
Junco marino (Parkinsonia aculeata): Kalunga madiada.
Juntos: Ambiata.
Juramento, iniciación: Kimbo, kimba.
Jurar la Nganga, (tomar juramento al neófito en Regla de Congos): Fatibeli.
Jurar, en el acto de la iniciación, jurar la Nganga, es decir, hacer los cortes que se le hacen al neófito con una navaja o una piedra —matari— se dice:
"Mbele Nganga no cotá...
Mbele dále que cota
Vamos ya cotá...
Justicia: Dundalonga, dundalonda.
Justicia, policía: Gando.
Justicia (la Autoridad): Fuambata, nfuambata.
Jutía: Ngunche, kumbé, sisi, nfuku, kumbini, nkumbini.
Jutía: Chonde, nchonde, kumbé munafunda.
Jutía, ¿a qué jutía se refiere?: Kumbé ¿kinani kumbé?
Jutía blanca: Fumbé.

L

Labor: Kebula.
Ladrar, ladrido: Mufe.
Lagartija: Diansila, diansiya, ndionsila.
Lágrimas: Masosí.
Laguna: Mungane monsa, tuale lango.
Largo: Mboriyandi.
Latido: Ntí, ntitima.
Látigo: Musinga, múkila. En los templos de la Regla Kimbisa el devoto se castiga azotándose a sí mismo o el Padre lo azota con la Musinga que consta de 3, 5 y 7 cáñamos con nudos sueltos. Los de 7 nudos tienen 7 estrellas de hierro, espuelas. Se pone sobre las Ngangas dos musingas cruzadas.
Laurel (Ficus nítida, Thumb.): Osereke.
Lavar: Sakumali, súkula.
Lavar la cara: Súkula bundi.
Lavar la ropa: Súkula lele.
Lazo: Nkangue. «Para ligar a una mujer se hacen siete nudos en el masango, y para un amarre de hombre se hacen nueve».
Leche: Magonde, manfanina.
Leche: Suka, nsuka.
Lechuza: Minián puango, fúngo mafuka.
Lechuza: Muni anfuanga, Susundamba, kungufuá.
Lechuza: Susún dialongue, mafuanga, muninfuanga.
Lee la carta: Tanga nkanda.
Lejos: Yalemba.

Lejos: lugar alejado: Kimbamba. «donde se rayaban en tierra de Congos».
Lengua: Bandén Butúa (lengua congo).
Lengua: Tanda, ntanda, tandu, lulima.
Lengua (en lengua de los congos mumbona): Lele.
Lengua: Lendemo, lundemo.
Lengua: en lengua de Congo dijo un bafiota: «Fuí al ingenio Conchita, el blanco me dió un machete y me puso una soga en la mano, caminé mirando la sabana; mirando la sabana ví bueyes y cochinos:"
Nguei kuenda memabanfuko «Conchita». Mundele ntuala kombón sila mbele munaketo kabulalaso munalémbo munu kuenda munan seke ikiap, kiap, kiap... panga mensu ngombe.
Lengua. Eran congos musunde: Talá bandé kué yo me muere, talandí kuí talandí. También decían: «Sakulé sakulé jolongo me picá."
Lengua: Para coger chicherekú (espíritu de niño) en el cementerio se dice: Longuisa sádoki chamalongo.
Lengua materna: ndinga mba ngudi.
Leña: Ngüei.
León: Nsombo, sambo, nsombo, kosi, Chú.
León: Kiandongondo, nsombo.
Leopardo: Ngo.
Lepra: Nienga.
Levantar: Sángula.
Levantar el Fundamento: Ambata saku saku.
Levántate: Sikama.
Licencia: Gueyaye.
Licencia, permiso, con la venia de: Gonda dariyaya.
Liebre, conejo: Mambimono gonu.
Ligadura, atar: Nkanga, Nkangui.
Limo: Nfita kalunga.
Limón (Citrus limonum, Risso.): Koronko, kiángana.
Limpieza, purificación: Sala, nsala.
Limpio, vestido de limpio: Lele butantoko.

Limpio: Nsaku.
Lindo, bueno: Wáwaba.
Lirio (Plumieria emarginata): Tunkanso.
Llaga, fístula: Nfuta, nputa, patipolo.
Llamando para que llueva después de sembrar: Yembe wanyere wanguerre wangrí.
Llanura, sabana: Wamakara.
Llanto: Masanga, samba, sambiayaya.
Llego a casa a acostarme en mi cama: Muno kuisa yenda munansó santikuame.
Llenar: Kumbré.
Llorar: Kandilonga sambila.
Llorar muerto: Llambalala.
Llorando: Dalán kuame, dalán kuamí.
Llover, está lloviendo: Bongá mamba.
Llover, lluvia: Mbula.
Lluvia: Lango.
Lluvia: Lango kama nsulu.
Lluvia (va a llover): Nfulanguisa.
Loco: Firali, fuali, fuati.
Locomotora: Kumbe munantuya.
Locomotora, «rastra que trabaja con candela": Nkumbe mankaró muna ntuya.
Locomotora: Guiokila. Va por camino de hierro: Kombo bío kilanda kuenda neila mbele.
Loma alta: Sulumongo.
Loma del Diablo: Sulu mongo kadiapembe.
Loma de piedra: Sulu mungo mataro; sulu mungo muriantoto.
Loma grande: Cheche kalunga.
Lombríz: Mandundu, soyanga.
Loro: Nkusu.
Lucero: Tetenboa.
Lucero de la tarde: Kimango, chamalongo.
Lucumí: Babumbo, kunabumbo.
Lucumí: Bafumbo, bafrimbo.

Lucumí: «Los congos les llamaban kulambúmbo».
Luna: Ngonda, Gonda, Lungonda.
Luna, «Madre del Sol": Ngunda.
Luna (en lengua de los congos mumboma): Lengonda.
Luna (en lengua de los congos musunde): Tángo dilansó.
Luna: Ngondia. «Madre del sol o su hermana». También se llama así a la estrella de la tarde. «Lucero hijo de la luna, camina con su mamá. La luna es madre de los brujos». En luna nueva la Nganga o Prenda se pone a recibir su luz. Se expone a la luna menguante cuando se hacen obras de muerte.
Lunes: Nsala.
Luz (en lengua de los congos Mumboma): Tuya.
Luz, la luz del día: Munia.
Luz de luna, el claro de luna: Ngonda miese.

M

Machete: Mbeli. Mbele munanketo. Beleko, Mbeleko. Lumbendo.
Macho: Golayanga.
Machuquillo de plátano (el fufú de los lucumí): Mofongo.
Maestría, saber: Bunganga.
Madera, palo,: Ntí.
Madera: Miti.
Madre: Yaya, Yeyé. Kuandi. Wandi. Nguá. Mamé. Dungo. Bamama.
Madre: Kuako dila, Kento kuako dila munu. Moana yari yari.
Madre: Yari. Guandi.
Madre, Mi madre tiene mucha miseria: Nguá mio ngongo mi.
Madre Agua: Kisimbi Kiamasa. (Mpungu equivalente al Orisha Yemayá).
Madre Agua: Espíritu que vive en la laguna: Kisimba. Kisimbi.
Madre de Agua: Yengueré. Nguengueré. Guandi Mamba. Espíritu que vive en una laguna o un río: Guadi Mamba Ngudi Masa.
Madre Dueña de la Nganga, Sacerdotisa de Regla de Mayombe: Ngudi Nkita Nganga.
Madre negra: Guandi bafuita. Kokuandi bafiota.
Madrina: Sumbo. Nsumbo. Nsumburiana. Yeweña. Kento tika tika Nkisi. Kento kuako dila muna. Dila muno. Nkuako dila. Nkento kuako yari. Nguami.
Madrina de iniciación: Ngudi ganga. «Al que raya (consagra) se le llama Mbala."
Madrina de Palo o de Nganga: Tikantiká.
Madrugada: Kumabuire. Kumakukiere. Kumakiere.

Madrugada, sale el sol: Tango Isa.
Maduro: Ñanguí. Ñanga.
Magia: Kimpa.
Maíz: Masama mputu. Masongo. El Mayombero no trabaja con paja de maíz ni con plátano ni kimbombó.
Majá, serpiente: Mboma. Noka. Bomboma. Boamá. Bumba.
Majá de Santa María: Bumbema.
Majá, «Santo que es como un majá": Kimbamba.
Majá (en lengua Gangá): Mbiri.
Majagua (Parititi tilaceum, Lin., St. Hil.): Musenguene. Musinga. La mujer que se amarra con la majagua y se «la entierra» no se va más nunca. Amarre, el mejor es el que se hace con la tierra que pisó el pié y donde se quedó la sombra. La majagua para encangue es más efectiva que el maíz.
Majúas: Sonfi.
Mal, maldad, malo: Yilá, Ñari, Guame, Nguame, Kombo simba.
Malanga (Xanthosoma sagitifokium): Gánkua. Kumbia. Nkumbia.
Malcriado: Filangui.
Maleficio: Bilongo.
Maleza, manigua: Mbella.
Malo: Yela. Malembe.
Malo, maldad, miseria: Ngongo.
Mamey (Colocarpum Sapota): Yumba. Nyumba. Nini yanga. Nyunga machafio.
Mamey de Santo Domingo (Mammea americana): Machafio nini bongolé.
Mamey colorado: Machafio nini yanga.
Manatí: Mbisi angulo.
Mancaperro: Góngolo. Ngóngoro munanfinda.
Manda, manda: Simbe simbe.
Mandarria: Fabingo. Tabungo. Bondá tutu.
Mandar: Tuma.
Mando: Makoto.
Mangle (Rizophora Mangle, Lin.): Musi kwilo. Musi kalunga masa.

Mango (Mangifera indica, Lin.): Bengá. Tuñé makondo. Mabenga. Emabenga.
Maní (Arachis hypogaca, Lin.): Guba. Mindo. Kuaba. Nguba. Nguala.
Maní: Buángua. Gunbán. Ngumbian. Nkuaba.
Maní, jimagua: Nguba tatu.
Manigua: Ninfé. Minseke. Nguei. Kuni.
Mano: Inkuako.
Mano: Blankí. Nblanki. Nguika. Bata.
Mano: Nkewa. Mbemba. Lumbo.
Mano a mano: Amanmbán amanambele.
Mano con seis dedos: Gonga munan blanki.
Mano de mujer: Yalumbo di moana nkento.
Mano de plátano: Kande. Makondo.
Manos (lengua de congos Mumboma): Lembo. Emolo.
Manos: Bembo, Mbembo. Amako. Elembo amoko. Munika kuento.
Manteca: Feria. Masi. Mense.
Manteca derretida: Masi langua.
Manteca de cerdo: Masimán gulo.
Manteca de cacao: Masiwango. Masi kuengo.
Manteca de corojo: Masi anyeta. Masi maba. Masimoba. Masinsé.
Manto, pañoleta: Tanga.
Mañana: Bari. Mbari. Masimene mene.
Mañana por la mañana: Tuenda kumakukei. Ntuenda kuma kukile. Kuma kukiere. Mbasike mene mene.
Mañana de agua: Kuma kukié godiá mamba.
Máquina de coser ropa: Kumbe kimuise lele.
Máquina de vapor, vapor: Nkumbe munankuaya.
Mar, misterio: Kalunga.
Mar bravía: Kalunga koko nene.
Márchate: Kuao. Me marcho: Kuame.
Márchense: Buendán kuako. Wenda kuako.
Marica: Yankuni.
Marido: Masuako. Nkana. Ngami. Matoko. Yakala. Yakara.
Marido: Bakalí.

Marímbula: Sambilé matoko.
Mariposón: Soyanga.
Martes: Nkando.
Martillo: Dungo. Ndungo. Bungo.
Matar: Bondá.
Matar cochino: Bondá Ngulu.
Matar el Nkisi: Nkisi bondá.
Matrimonio: Yakaragundi. Longo.
Matojo, planta: Ntiama.
Mayombe: Región del Congo.
Mayombe: Mayombero: Se llama el hechicero de tradición conga. Mayombe es el nombre que se le da a la Regla que se conoce también con el nombre de Palo Monte, en ésta se rinde culto a los muertos y a los espíritus de la naturaleza. De acuerdo con la definición que nos dan sus adeptos se divide —en Cuba— en mayombe cristiano, magia para hacer el bien y mayombe judío para causar daño. Uno trabaja con espíritus buenos y la otra con espíritus malos.
Mayor, «el que manda": Kudiludiá mundu.
Mayor General, Jefe: Fumabata. Nfumobata.
Mayordomo o Segundo Jefe del templo o casa Nganga: Mpambia Nkisa.
"El que cuida del caldero sagrado y de los mediums cuando están en trance."
Mayordomo (auxiliar del Padre Nganga, cuida de éste cuando el espíritu se posesiona de él): Wangankisi.
Mayordomo o el que está facultado para reemplazar al Taita Nganga: Ganga Manga. Primer Jefe del Templo: Mpabia. Segundo Jefe: Mpabia Nkisa. Hermanos: Pakisiame, Mpangui. Nfangui, Munangüeye. Cuando el Nfumo «simba» —cae en trance— se llama: Mambi mambi.
Mayordomo de Nganga: Gando muelando. Lango fula.
Mayordomo de Nganga en «Regla de Palo": Longo fula.
Mayoral, también significa trabajo: Sualo, nsualo.
Me duele la cabeza: Ntulu modua sita.

Me enfermo en el mar: Munu ntu yela muna kalunga.

Me he casado: Güeye kuenda.

Me voy al barracón, a mi casa: Munu kuisa mafuá yambo munansó. (Me voy: Suantún).

Mecedora: Kiandon kubo.

Media noche: Komaku wandi.

Médico: Gangantare. Gangangula. Gangangame. Gangabuka. Bafumo.

Medio medio: Meli meli.

Medium, «criado de Nganga": Gombe. Nganga ngombe.

Medium (espíritu que se posesiona del brujo): Ngombe, ngombo.

Medium cuando está poseído por el espíritu: Plana.

Medium: Chango (Nsasi) en Regla de Congos prueba mucho a su «caballo». Come vela encendida como si fuera coco y se pasa por la cara. Se da tajos en la lengua.

Medium: Yimbi. Algunos de estos en el trance se destrozan toda la cara, entierran la nariz en la tierra como los cochinos. Otros piden navaja para cortarse la lengua o la nariz. «Juan si tiene batalla y pide cuchilla y se corta el bembo y escupe la sangre en el plato... Ese batalla le dijo a una mujer: «Mañana tu va a llorá». Al otro día se le quemó la hija. Mpenbedían bele.» A los yimbi así se les da plan de machete, hay que aguantarlos a golpes. «Mi primo Centella cuando cae en trance —Monte Oscuro— se da tajazos en los brazos y al otro día no hay cicatrices». La sangre de las heridas las derraman sobre la prenda. «Yo he visto a un yimbi derribar cinco hombres».

Medium: Un mayombero se llena los ojos de esperma caliente y dice, sin ver, la misma hora que marca el reloj.

Melado de caña: Dimbo musenga.

Melado: Dimbo kafuta.

Melón: Sanda.

Melón de agua (Cucumis citrullus): Machafio suri mambo.

Melón de Castilla (Cucumis melo): Machafio suri yanga.

Mellizos, «jimaguas": Majumbo. Mpangui. Kalulu. Simba. Basimba.

Mellizos en Regla de Palo: Insamba ntala: «Sólo vienen para hacer daño y no conocen más que a su dueño. (Palo significa en este caso Regla o religión de Congos). «La mayoría de los congos no quería a los jimaguas. Eran cosa mala».
Mellizo (en lengua de congos Ngola): Maso.
Memoria: mabimbre. Mabimbé. Mabise. Mabife.
Menea la cabeza: Tamán yémbere yanbí yallamao.
Mentira: Bambú. Soso.
Mentiroso: Bambunguei.
Mercado, la plaza: Munansando guindengula.
Mercado, bodega, venduta: Munu sando.
Mercedes, Las: Iña Ñabba.
Meretríz: Ndumba.
Mesa: Brandiku.
Mi andar lo envidia la gente: Esé ntele tí barayé inú. Por eso donde ellos no quieren que pise voy a pisar: Ibí dodó omadó ibi tete omaté.
Mi oído está malo, no sirve: Munu fuá mato.
Mi tierra es la más rica. Congo Real: Yele lén búngue.
Miel: Wemba. Se dice wemba por cariño.
Miel: Dimbo.
Miel de abeja: Ndambo kinkolo.
Miércoles: Nkonsi.
Ministro del Rey: Lukaya. Mambo que cantaron para destronar al rey (Saulembo) y matar a Lukaya: Lukayo saulembe Lukayo soyanga saulambembo.
Mío: Kuami.
Mira la hora en tu reloj: Pangamensu nguei ntiele sikamene kinini.
Mira las nalgas de esa mujer: Nguei panga mensu matoko ndumba.
Mirar: Sinde. Nsinde. Muene. Tala. Ntala. Bika.
Mirar, mira: Guisá. Pangamensu. Tala.
Mirar en el espejo mágico: Bikayoko pangán mensu.
Mirar el Mpambia o Taita Nganga en el espejo mágico: Vititi Mensu.

Mire: Kili.
Misterio, secreto: Lembo lembo.
Misterio, monte: Nkuí. Kui kuifinda. Kuiki mafinda.
Misterioso, Lo: Mbumba.
Mondongo: Elufé.
Mono: Kewa. Kima. Nkima. Nguenga. Nguengo. Nkewa. Kewán. Nkima.
Mono grande: Nzuko. Nsimo.
Montaña: Mongo.
Monte: Anabutu. Finda. Nfinda. Kunfindo.
Monte, bosque: Kunanfinda.
Monte firme: Musitu.
Morir: Lufua Nsambi. Kufuá.
Morir, todos tenemos que morir: Fuáfuanga.
Morir por la voluntad de Dios: Lufuá Insambia Punga.
Moruro (Pithecellobium arboreum): Kimpase. Kasa. Asa. Nguefa.
Mosca: Boansi. Bonsé. Guisambo. Fuanyaya. Támbula.
Mosca de caballo: Kulumasi.
Mosca verde o cantárida: Iyandi Yanano.
Mosquito: Kangoma. Sankú. Mbí. Lulendo.
Mozo: Munaluke.
Muchacha: Muana.
Muchacha que me gusta ya me quiso: Aindumba mokuanketo kitalonga Kui mambembé iyaya mandombelé.
Muchachita: Kajatu.
Muchacho: Umano. Unano. Muleke. Muanaluke.
Muchacho que sabe correr y esconderse: Muanalukekualukila kabaseiro.
Mucho: Bobé. Ingui.
Muelle grande. Un muelle de Africa: Muluwanda.
¡Muérete!: ¡Fuá kuako!
Muerte: Malala.
Muerte por la voluntad de Dios: Lofualo Sambi.
Muerte, destrucción, acabamiento: Lufuá.
Muerte, esqueleto como personificación de la muerte: Kalunga.

Muerto: Nganga.
Muerto: Bumbi. Fumbi. Nfumbi. Füiri. Nfuidi. Nfuiri.
Muerto: Nfunde. Nfuiri inkuán. Patukemba. Katukemba. Talafuá. Simba.
Muerto: Nkula, los muertos.
Muerto. (El muerto no vuelve): Tango moana fuiri lurié.
Muerto en la tumba: Fuidi nkanda.
Muertos, antepasados: Bankita. Bakula. Tata wamba.
Muertos de lepra: Fuá fuá nsambi.
Muerto, estar muerto, «con los ojos cerrados": Digasa mensu.
Muerto estoy, «donde quiera que voy, voy muerto": Tondele tende lekuame.
Muerto (Espíritu del): Nfuiri.
Muerto que sale de la sepultura, aparecido, fantasma: Makundo, makundu.
Muerto, «Prenda» o cazuela habitáculo de un espíritu: Ganga. nganga.
Muerto «que trabaja en la cazuela de un conguito viejo, boyero en La Esperanza": Mabambé.
Muerto, cadáver: Mbumbi. Minwiri.
Mujer: Kasiwa. Dimba. Fama o Fame. Nkento. Bakento. Mukento. Nkento yakanda. Moanadumba. Ndumba.
Mujer buena, fina: Moana buntu.
Mujer fea: Moana fwá.
Mujer mala: Dumba pikanana.
Mujer casada: Nkento muana kasi.
Mujer encinta: Nkento buta. Moana nteté.
Mujer preferida: Mukua Divata. Nkundi, Nkundia.
Mujer pública: Nkento la bana. Mbisi. Moana nkento nsusá. Moana nkento mbisi ntoko. Manakuto. Manankoto.
Mujer despreciable: Nkento insuso.
Mujer de porquería: Enantó insuso.
Mujer, yo la quiero y por eso la saludo: Katiku basandi bángala bo yo.
Mujer nalgona: Mbonganamé.

Mujer tú me agradas: Aindumba mo amana nkento.
Mujeres: Bakento.
Mujeres desnudas: Moana katuka kamulele.
Mulato: Ngrefo. Nguefa. Kai. Nkai.
Mulato, «muy claro que se cree blanco y presume": Moanangana.
Muleta; cojo: Guafákulu.
Mundo: Bemba. Panguila. Npanguila.
Mundo, tierra, país: Ngongo.
Muñeco de palo: Nkuya.
Muñeco mágico de palo: Nkuyo. Semejante al chicherekú de los lucumí. «Habla».
Muñeco: Nkuni. Los muñecos se preparan mágicamente, se les insufla espíritu y hablan y caminan de noche cumpliendo las órdenes del brujo como los chicherekú de la Regla de Ocha. Estos muñecos se bautizan, se lavan con ruda cimarrona, atipolá, ponasí, rompe zaragüey y jobo. Se trituran las hojas, se ponen en una palangana con agua de coco y agua bendita y una piedrecilla que se deja allí metida el tiempo que juzgue el taumaturgo. Luego se mata un gallo y se le deja la sangre un día y una noche.
Muñecos de palo y atados: Dundu mayiyi.
Muñecos de palo «con muerto dentro». O güiro conteniendo un espíritu: Mafuto.
Muñecos de palo: Los hechiceros reducían a polvo toda clase de sabandijas: ciempiés, arañas, mancaperros, Caballitos del Diablo, grillos, bibijaguas, camaleones, iguanas, auras tiñosas, lechuzas, tocolores, capinteros, murciélagos, zunzunes. Con todo esto pulverizado se rellenaba una cavidad que se abría en el muñeco. Se adornaban con alas de pájaros y volaban. Cumplían las órdenes del brujo. No hacían daño a las personas mayores que encontraban en su camino, pero mataban a los niños. Algunos viejos llaman a estos muñecos: Kini.
Murciélago: Musiató. Nguembo. Nui Kuani. Kembo. Andó Kemá.
Muriendo: Nfembe.

Murió: Ya kumbé. Ñanfuiri. Fuiri kame. Kakafuá.
Música: Gungafuto. Minwí. Púngui.

N

Nacer, nació: Sapunto o Saputa.
Nada tengo en el bolsillo: Nkuto mpámbula.
Nadar: Guabinda.
Nalgas: Fembe. Bungo nani. Matako mandunga. Nfembe.
Naranja: Balala. Muamba. Malata. Malabasa. Malalá. Mbelia Kala. Bolo Mamba. Mbefo malala. Kiankián. Mbelika la mfembo.
Naranja agria (Citrus bigardia): Bolo nkianki kianganá. Machafio nkián nkián.
Naranja de China (Citrus sinensis): Machafio nkianki mungoma.
Naranjo: Mbelikalaémbefo.
Nariz: Beno nsumo. Buambúa. Mbuambúa. Fúombo. Fuán. Mfuán. Eliyilo. Masuru. Masurí. Mbuambúa.
Narizón: Mbombo.
Nasa, canasta: Nkawandi.
Nasa para pescar: Kawandi talán sosi.
Navaja (literalmente, hierro hembra): Mbele moana. Choflá. Nchoflá.
Nave de vapor: Nkumbre Kalunga.
Negocio, asunto: Mbembo.
Negra era mi madre: Konkuando bafiota.
Negro: Mifuita. Kulu. Yandombe. Yandobe. Mufuita.
Negro lucumí: Ajumbo.
Negro «mulato muy oscuro": Bafiota.
Negro de confianza: Wanasiku.
Negro, color negro, negrura: Kela.
Neófito: Kuano.

Nieto, (mi): Tekele o Ntekele. Moanamí.
Nietos: Muana nkasi.
Nieve, hielo: Matari lángo.
Nigua: Ntengo.
Ninguno: Mune pun pun.
Niña, muchachita: Moana nené.
Niñita: Moana bakala.
Niño: Balígue. Moana luke. Basikanda. Moana. Muana. Buta.
Niño hechicero: Ndoki matambo.
Niño, cuida al niño: Bukisa nené.
Niño de la casa: Moana Nso.
Niños: Bana.
Níspero, zapote (Achras sapota): Puro. Mpuro. Kobanko.
No: Nani. Ko. Gongoame.
No dormí: kaleleko.
No olvides: Lundá ma.
No se te olvide: Lungualá. Lundamá.
No haya pena: Lufué ko.
No tengo: Kasako mambe.
¡No me importa!: ¡Fioke!
¡No me da la gana!: ¡Kana!
No sabe nada, es un bruto: Ntela bila bulu, Wambo yayén dile.
Noche: Kalungo. Buna Fukua. Bunanfuka. Kango Nfuko. Komako wiri. Masika.
Noche de agua: Kuma kubié wiriri godiá mamba.
Nombre: Lusina. Es la esencia de un individuo. Lo que no tiene nombre no existe. El nombre que recibe un iniciado de un nkita o nkisi jamás deberá decirlo, porque por el nombre puede maleficiarse a una persona.
Nombre. ¿qué nombre tiene esa persona?: ¿Nguei kimbi moana?
Nombre del brujo: Palero: Tata Kunangán Nfita.
Nombre de mujer: Mabeya. (Un canto de la colonia decía: «con el tún Mabeya").

Nombre de Nganga: Fumandánda kin peso. En Vriyumba es el nombre equivalente a la diosa Obba de los lucumí. Es una prenda muy dura, fuerte. Kini kini.

Nombre de una Nganga —o de un collar— **así se llama también a los vientos:** Kimbúngula.

Nombres de Ngangas judías «para hacer daño": Chichiwanga. Kiwanga, Kindiambo. Mutambo. Chechenwanga Firilí.

Nombres de Ngangas: Mumbapatikongo. Mama Sambá. Mama Yola. Malongo Nganga vira vira. «Se llama así a la Nganga que contiene el remolino que la bruja ha recogido e introducido en el caldero o en la cazuela mágica para destruir."

Nombres de brujas de las Islas Canarias: Mamá Kumbé.

Nombres propios de mujer: Diansola. Buankasi. Makinda. Muyao. Malenga. Mbella.

Nombres que dan los descendientes de congos a los sacerdotes o Padres Nganga: Ntatande. Nfumo Bata. Nsumbiriana. Madre Nganga. Nsumbo. Nkento. Kuakidila Muna.

Nosotros: E tu tu.

Noviembre: Lumbo keá kengue.

Nubes: Yalanwá munansula.

Nudo: Nkango. Gango. Ngango.

Nuestra Señora de las Mercedes: Iñá. Mamá Kengue.

Nueve: Fuá. Mendako.

Nuevo: Lulendo penfialo.

Números:
1 Yesi   11 Kumiyose
2 Yole   12 Kumiyole
3 Itatu   13 Kumiyate
4 Iya   14 Kumiyá
5 Ifumo   15 Kumitano
6 Isabami 16 Kumi Isabami
7 Isubuare 17 Kumi Isabuare
8 Inona   18 Kumi Nona
9 Fua   19 Kumi fuá
10 Kumi   20 Chichigumá

O

Obispo: Fumo. Nfumo Sango.
Objeto: «Una cosa, algo que está flojo y suena». Tui kamasinda. Tui bangala.
Octubre: Gonde Ambángara.
Ocho: Inona. Mendete. Nake.
Oficiando el congo: Vititingo ven acá alándoki.
Ofrenda: A los Mpungu o dioses se les ofrenda, «comen": Baluande (Yemayá, la Virgen de Regla) gallo y pato. Nsasi (Chango, Santa Bárbara) Gallo, carnero, harina de maíz, quimbombó y jicotea. Mamá Choli (Ochún, la Virgen de la Caridad del Cobre) gallina. Mamá Kengue (Obatalá, la Virgen de las Mercedes) Palomas. Sarabanda (Ogún, Eleguá y Ochosi) gallo, chivo. Mari Wánga (Oyá, la Virgen de la Candelaria) gallina. Para ofrecerle la comida a Mama Chola se le toca una campanilla y a Mama Kengue una campana.
Oídos: Mato.
Oiga lo que estoy diciendo: Sikirimato nguei.
Oigo: Mo Wa.
Oigo mal. Mi oído no sirve: Munu fuá mato.
Oír: Kuenda. Sikiri mato.
Oír, oye, oreja: Kuto. Nkuto.
Oír: Wiri. Oye el canto: Güiri mambo.
Ojos: Muini. Mesu. Mensu.
Ojos retorcidos de los muertos: Meso mandingene Kumanima.
Ojos, cerrar los ojos al morir: Digansa mensu.
Ojos que miran fijamente: Mensu kundiemba. Mensu tala tala.

Ojo que mata: Mensu di fuá.
Ojo, las niñas de los ojos: Kikiri mensu.
Olor a chivo: Kombo akamba.
Olvido: Seré.
Ombligo: Kumba. Nkumba Fumanguane.
Once: Kumiyose. Matinso.
Oreja: Makutu kutu. Mato. Tuto. Nwenga. Wenga.
Organo sexual femenino: Munankoto. Manankuto. Nanakuto.
Organo sexual masculino: Nfía tombre. Bundokeni.
Orgullo: Lulendo.
Orinal: Tete munanfune.
Orinar: Lango banga.
Oro: Anga. Lungafuto.
Ortiguilla (Fleurya cuneata. A. Rich. Wedd.): Iyén.
Oscuro: Mafuembo.
Oscuro, oscuridad: Mpimpa. Monte oscuro: Unyé Finda mpimpa.
 «La oscuridad se tragó la luna».
Oye: Wiri.
Oye, ¿dónde está la polvora?: Tá tá tá tío tío mputo.
Oye lo que hablo: Sikirimato munu mboba nguei.

P

Padre: Tata. Tatando. Ntatando.
Padre, Jefe: Nfumo Sango.
Padre (lengua de congo Musumbe): Ntatando.
Padre viejo, antepasado: Mbuta.
Padre del Misterio: Tata kuí Kimanfinda.
Padre Nganga y también monte: Ta Anabuto. Bakula Nganga.
Padre o Madre Agua (fuerzas fluviales), espíritu de muerto: Nkita.
Padres (los): Batata.
Padrino: Nsimburiano. Sumbo. Nsumbo. Nkai. Mambi-Mambi.
Padrino o el Ngangulero que inicia al neófito en un templo congo: Kuamo Nganga.
Pagar: Futeno.
País: Nsí.
País desvergonzado: Nsí soniko.
Pajarilla: Guaní.
Pajarito que tiene el «secreto de la Nganga», y cuya cabeza o esqueleto se pone encima del caldero mágico: Cheche Wanga.
Pajarito parecido al tomeguín de Guinea y a la bijirita, «muy poderoso en brujería": Tié tié.
Pájaro: Nuí. Sunso. Nune.
Pájaro Arriero: Kuasara. Kuansala. Maputo.
Pájaro carpintero: Nuí Kukuanti. Kokati. Ntukufambo.
Pájaro judío: Maningalá.
Pájaro blanco: Susu. Nsusu guampembe.
Pájaro negro: Susu-nsusu yamdole.

Pájaro que canta en el camino: Nui Mambo mambo munansila.
Pájaro que se llama así: Sunsu kalelé.
Pájaro volando: Nsusu balu tanga.
Pájaro amo del monte: Bala bisiantoko.
Pájaro que habla, «la cotorra dice: vivo en el monte, duermo en un árbol altísimo cerca de Dios": Nui kasa kabango bisa munantinda muna nkunia ntele wampánguila munan Sambia.
Pala: Yuala.
Palabra (lengua de congo Mumboma): Dinga.
Palabras: Mato.
Palabrota: Mena funi. «El c... de tu madre."
Palacio: Munansó.
Palero: Padre Nganga. Nganga Ngombo.
Palillos que acompañan a los tambores: Wákara.
Palma: Lala.
Palma blanca: Nsuso Nsambia.
Palma cana (Sabal florida): Maba munanfinda.
Palma jimagua: Majimbo púngu.
Palma Real (Roystonea regia): Maba.
Palma verde: Yenga. Manga.
Palma yarey: Mamba.
Palma de las manos y de los pies: Bangambi.
Palmiche: Karondo. Yongo kuamo.
Palo: A dos que se unen o que se crucen se les llama Saku saku. Conseguir ropa, o rastro o las plantillas —medidas de los pies— de los dos individuos que han de unirse. Se coge fibra de maíz y se hace un «masango» uniendo las dos medidas, atándolo con siete nudos y se coloca el masango entre dos ramas que se rocen. Hágase este trabajo a las 12 del día y llámese a las dos personas: «conforme rozan estas dos ramas (palo) en buena unión, así quiero que se estrechen F. y M. Se coge tierra del lado que sale el sol y se hace otro masango igual que el primero y se le da a quien desea la unión. Y se le siembra una mata para que la cuide y tenga en su casa. Según progresa la mata se fortalece y progresa la unión de esos dos seres. Y en el mismo

palo también se desune. Se coge una vela, se le atraviesan sesenta alfileres: «conforme se tergiversan estos alfileres así se tergiverse el pensamiento de F. y M.» La esperma de la vela se amarra con una cinta negra, se evoca al ánima sola con sal, cisco de carbón molido, almagre y siete o catorce pimientas. Iguales palabras pero en sentido contrario se pronuncian al colocar este bulto entre las ramas.

Palo: Nkunia. Kunie.
Palo Aguedita: Wakibanga. Kunia bulán kane nkunia.
Palo Amargo (Picramnia reticulata, Gris.): Momboko.
Palo Arriero: Kuakari.
Palo Batalla: Betekié.
Palo Bomba (Xilopia glabia. Lin.): Mubón.
Palo Bronco (Malpighia biflora, Sv.): Moruambo.
Palo Caballero (Phoradendron rubrum, Gris.): Butekié.
Palo Cabina: Kuenyé.
Palo Cambia Camino (Amyris balsamifera): Kisiambolo.
Palo Carbonero (Cassia biflora): Naonú.
Palo Caumao (Wallenia laurifolia): Bantenso.
Palo Cocuyo (Pouteria dictyoneura): Feya.
Palo Copal (Protium cubense): Mumbiri.
Palo Cochino (Tetragastris balsamífera, Sw.): Fumasi.
Palo Cuaba: Mela. Kasimbán.
Palo Chinchona o Palo Vigueta (Exostema ellipticum): Bonlambai. Bonsomao.
Palo Dagame (Calycophyllum candidissimum): Nkita.
Palo Diablo (Capparis cynophallophora. Lin.): Mekuembri.
Palo Hacha: Beleloasia.
Palo Hediondo (Cassia emarginata, Lin.): Bitondo. Sekensé.
Palo Hueso: Tete apembe.
Palo Jurubana (Hebestigma cubense): Mabambo.
Palo Malambo (Croton malambo): Koroyo. Malambo Mpeka. Nkunia Malambo.
Palo Moruro (Pithecellobium arboreum): Donsoko.

Palo Mulato (Exothea paniculata, Juss, Radek): Mundundu. Potumkoro. Imbeye.
Palo Negro (Lunania pachyphylla): Musuita. Mufuita.
Palo Paramí (Hamelia patens): Kawanwako.
Palo Ramón (Trophis racemosa): Nkento.
Palo Tengue (Poeppigia procera, Presl.): Kabinda. Songa.
Palo Todos los días: Kilumbo.
Palo Vence Guerra: Nkunia kema tenda.
Palo Verraco (Hypericum Styphilioides): Fumasi.
Palo Yamao (Guarea Trichilioides): Nkita. Machucho.
Palo Yúa (Xanthoxylum lanceolatum): Masaba.
Palo en forma de garabato: Lungoa.
Paloma: Nui gangoa muni. Yembe. Mpembe. Nsuso dampemba. Susu Nsambia.
Paloma blanca: Yembe diampembeo wampembe.
Paloma carmelita: Yembe yamboaki.
Paloma negra: Yembe diandobi. Yembe yandombe.
Paloma rabiche: Buela. Nbuela. Lukendo. Susundamba. Yembe Mbricha.
Palos, Fiesta de palos: Bangalán.
Pan: Bolo. Mbolo.
Pan de plátano: Kondo.
Panal de avispas: Nso Fingín pambi.
Pantalón: Mbati. Lele makate.
Pantera: Yamakara. Kombo bongala.
Pantorrilla: Guangansila.
Pañuelo: Lilenso. Dilanso. Dileso. Direso. Benso. Mbenso.
Papaya (Carica papaya, Lin.): Machafio nsike moana nketo.
Papel y corteza de árbol: Kanda. Nkanda.
Papel de escribir: Katikán kanda.
Para: Duala. Nduala.
Paraguas, quita sol, sombrilla: Tatalango.
Pared: Lúmba.
Parir: Kabo angasi.
Parientes: Ndonga pavi.

Parte, pedazo: Bukula.
Partir: Kuenda.
Partir: Muna kuisa. «El viejo se fué": Tata kuisa.
Parto: Mpasi.
Paso a paso: Kiángan kiángana.
Pastar: Koloma.
Pata de gallina (Eleusine indica, Lin. Gaerth): Bebeke kimbansa. Nsu Nkako.
Patatas: Masoko. Dilangondo.
Patilla: Mueso. Selo. Nselo.
Pato: Nsusulango. Badango. Barango. Kungúfua. Ufadango.
Pato bañándose: Badango numia masa.
Pato de la Florida: Lango.
Pavo: Suso asogua. Kunié.
Pavo Real: Borunkoko. Burakoko. Butantoko. Kaluko.
Pecho: Turu. Nturú. Tulu. Ntulu.
Pecho (lengua de congos Gangá): Mabelé.
Pechos: Mayene.
Pederasta: Kubando.
Pedo: Funda. Nfunda.
Pedorrear: Karibonde.
Pegar: Tati.
Pegar, golpear, «te doy un golpe que te roco": Suikán tuei.
Pegarle al buey: Tatimusinga ngombe.
Peleando: Monongoya. Sambulán. Sambilán. Kusima.
Pelo: Mabuisa. Nsefu. Sefú. Suesi. Nsuesi. Suke. Nsuke. Insefe. Se cree que el pelo les crece a los muertos, por eso decían los congos: Ingangola tá costá nganga y siempre ingangola tá crecé.
Pelo cortado: Insefe kiwikirikiá.
Pelos: Chefo. Chelo. Nchuki. Miko. Mika. Insuesi. Insukrí. Chiki.
Pelos de la pelvis: Nchuki mafundi. Mbeso.
Pelos, todos los pelos: Inchete.
Pelo de la cabeza: Lukamba.
Pellejo: Kanda.
Pena: Nfía. Magate. Makate.

"Pendejo": Beso, Mbeso. Nchuki mafundi.
Pensando: Bonsando.
Pensamiento (lengua de congos Mumbosa): Kindín.
Pepino verde: Mbí.
Pequeño, chico: Meni meni.
Perdón: Sambia ntuke. Yaí. Tondele kuame o kuamo.
Perejil (Petroselinum sativum): Ntuero. Kamatuya.
Perezoso: Malubambu.
Permiso, «con licencia": Kuenda banguata.
Perro (lengua de congos Mondongo): Maru.
Perro: Mbika. Búa. Mbúa. Bika. Mbika. Búa o mbúa se le dice al medium o dueño de una Nganga.
Perro: Yimbis. Medium. «Caballos de Ganga». «Unos ven por la frente, otros por la nuca».
Perro doméstico: Mboa. Mbúa.
Perro lobo: Buánburu.
Perro jíbaro: Mbulo. Bulo. «Para malos oficios». Hechicería.
Perros: Jimbúa.
Persona que se fue: Moana mbekele.
Persona muy importante: Ngana.
Persona despierta en la cama: Moana wiriko santi kuame.
Persona que muere se entierra: Moana fuiri lukamba finda ntoto.
Persona que quiere hacer sola muchas cosas: Kendiyá maso matoko.
Persona necia: Musúlunga.
Persona que se llama...: Moana wanki kimbi moana.
Personaje: Moana mutamba.
Pertenencia, «lo que es mío": Kusanga.
Pescuezo: Chinga. Nchinga.
Pescado: Sonsi. Sonsé. Sanse.
Peso plata: Dia yole. **Un peso y cuarenta centavos:** Diguatano dinwa puán buán.
Un peso y noventa centavos: Dinwán nina. Dinwatano.
Pestaña: Ntuka. Sensia makuso.
Pez: Gola. Sosi. Nsosi.

Pez chico: Nsosi gumbe meni. Golandose.
Pez grande: Sosi. Nsosi yako. Sosi yakako.
Pez de río: Kimbolo. No tiene agallas. «Es una culebra como el majá».
Pie: Mumalo. Alumalo. Ntambe.
Pie (dedo del): Lumbe.
Pies: Malo mioko (en lengua de los Congos Monbasa).
Pies: Tambe. Ntambe. Malo. Amalo diamalo. Dikuenda. Munayo. Mioko. Salantuá.
Piedra: Matari. Mataria. Malorí.
Piedra: Matari. «Llamar al muerto, «traerlo», es lo más importante. Que el Padre y dos Mayordomos van a hacer un Oggún, pongamos como ejemplo. Se discute qué muerto se coge... Yo digo que fulano, el otro que mengano, el Padre que un niño que era inteligente y arriesgado (es lo principal, temerario). A las 12 se va a un sitio solitario... Se lleva el caldero y todos los ingredientes alrededor: huesos, hierro, un gallo y una jutía, un chivo, 2 velas, botella de aguardiente, vino seco, tabaco y fula. Entonamos en murmullo el rezo, y con este llamado, se invoca (si no es judía) a Dios. —Dio-Dio-Dio— Mayimbe-mayimbe— mayimbe. En seguida se coge un huevo y se carga con amansa guapo —caja batalla— júcaro, yaya, y uno se encarga de llevarlo al mar... Cuando llega al mar el que lo lleva de seguro que se encuentra una piedra y que en esa piedra el espíritu vuelve con él; pues con el huevo se conquista al espíritu, lo hemos llamado, atraído. Esa piedra la forramos —entisamos— con hilo negro. Se hace un brasero bien encendido y se llama: Dio-Dio-Dio y se dice: Nfumbi, Nfumbi, Nfumbi (tres veces). Ya cortamos luwanda tu cuenda mensu Mambo que yo bobba Kindiambo Nsasi mal rayo parta el mayombero candela que indica yo bobba congo kunánbasa si de verdad usté son vrillumba que Sanbianpunga ensambia rire manda que me cuida candela que lo quema a usté no pué quemá a ninguno de sus hijos usté mimo ganga que gando guerra ya van fùiri pero mbóbba lúwena vasasinsasi quiwirico mayimbe no léka hasta

que no uria Ngombe ensusu, (se le dice lo que va a comer). El brasero encendido, y se van colocando las cosas que lleva Oggún (el Sarabanda) cadena de hierro, herradura, imán, cuchillo, un real de azogue, una moneda de plata, los palos — —cuaba, jiquí, quiebra hacha, polvo de hueso, malambo, yaya, caja y lo último que pone es la piedra que se ha sacado de la candela y que corona la obra. Antes de meter la piedra en el caldero se la pone en un plato blanco para rociarla con vino seco y aguardiente. Si el espíritu está en la piedra, **el hilo no se ha quemado**. Cuando se pone la piedra en el caldero, ya está preparado el gallo, la jutía o el chivo y se le da sangre a la piedra. Comió y se tapa con un paño negro y blanco. Se lleva a una ceiba (o a la Siguaraya), al monte. Veintiún días enterrado, al cabo de los cuales las mismas tres personas van a sacarla pagando tanto a la ida como a la vuelta el derecho del Monte. Se llega donde está Dio-Dio-Dio— y se la saca, El que lo recita dice: Yo mismo cheque que cuenda ntoto tu cuenda la finda tu cuenda cunanbasa (vas a La Habana). Indoki que yo bobba tu mimo son mi pare, tu mimo son mi mare tu mimo Talanka moko cunánsese Kiyumba y se coge la prenda y se la lleva a la cabeza. Ya es suya. Y puede que ahí mismo lo tumbe el Fumbi. (El hilo negro no se bota, se guarda en el caldero)."

Piedra imán: Fumanda Kimpeso. (Algunos dicen Fumandanda Impeso).

Piedra de rayo: Matari Nsasi. Matari Mbela. Matari mona yilo.

Piedra de rayo; «Piedra que cae del cielo y se adora": Nkita Siempungo.

Piedra de Kalunga: Cheche Wánga.

Piedra de Madre Agua: Matari Kalunga.

Piedra «Fundamento de un": Nkisi Masa Matari.

Pimienta: Dungo. Ndungo. Tuola. Esakukaku. Hay Ngángula que la come antes de «mirar"— —consultar— porque dicen que les aclara el cerebro.

Pimienta de Guinea (Xylopia aethiopica): Kumpiri kunansieto. Esa nkaku. Ndungo guiare.

Piojo: Tatú.
Piña: Miengue.
Piña blanca (Ananas sativus): Merenten.
Piñón Botijo (Curcas curcas): Ekeni, Masoroso Muinge. Yaola.
Piñón de cerca (florido): Puluka.
Piñón de Guinea: Nsuenkoku.
Pitirre: Nchokola. Susupenda. Titiankol. Ntiakola. Tiakola.
Placer sexual: Bundo keni.
Planta, matojo: Tiama, Nsiama.
Plantas: Kongué.
Plata, dinero: Makudimbi. Mansimbo.
Plátano: Makondo. Mankoma.
Plátano guineo: Ntiba. Tiba. Makondo biekerere. Chiba.
Plátano indio: Makondo mingonga.
Plátano hembra: Makondo nkento.
Plátano macho (Musa paradisíaca): Makondo yakala.
Plátano enano: Makondo mbaka.
Plátano en sazón: Makondo makolelé.
Plátano maduro: Makondo makuaba.
Plátano (racimo de): Kanga makondo.
Plato: Mabongo. Malongo. Longa. Songa. Dilango. Dilonga.
Plato de comer: Mbubadié.
Plaza, mercado: Nsanda.
Pleito: Kimbembo. Kinubembo.
Pleito con abogado: Kufundila.
Plumas: Nkanda. Guandián.
Pluma: Mukanda.
Pobre, ser pobre, «nada tengo": Ngongo ami.
Pobrísimo: Kutenda. Kutende.
Poco: Kukako. **Muy poco:** Muna yolé.
Poco a poco: Nsualo nsualo. Katiké katiké, kiako kiako.
Poco, un poco: Muna labeche.
Poder de Dios: Lumbinto Sambi Guatuka.

Poder sobrenatural: Nkisi. Nkiso. Y a la vez por extensión, el receptáculo u objeto en que se fija un espíritu o el alma de un muerto que obedece a su dueño, el Padre Nkisi o Padre Nganga.
Poder sobrenatural, Dios: Mpungu. Mpungu Lomboamuila, dios de los Cuatro Vientos y de la Tormenta. Se le compara al Orisha orula de los yoruba (lucumís) y a San Francisco.
Poderoso, fuerza misteriosa: Pongo. Mpongo. «Como decir pongo Mboma, pongo Mbumba».
Podrido: Yaola.
Podrido, malo, inservible: ¡Fú! ¡Nfuá! Fuá munumato: Oido mío malo.
Policía: Fiota. Mukuaputo. Gando.
Policía, soldado: Masoriale.
Polvo (para embrujar); ceniza: Polo. Mpolo.
Polvo de mar: Mpolo munu kalunga.
Polvo de tierra: Mpolo ntoto.
Polvo de yeso: Mpolo mpemba.
Polvo para hechizar: Malembo mpolo. Para hacer daño, desbaratar: Wanga bangambi mpolo wabí.
Pólvora: Tiotio mputo. Tanfuta. Fula. Nfula. Se le llama «café inglés».
Pólvora buena: Mambi mambete.
Pollo o gallina enana: Susu. Nsusu mbeguese. Yambekeré.
Ponasí (Hamelia patens. Jacq.): Nfita sinda moana. Bufole.
¿Por qué?: ¿Fuamenso?
Porquería: Tufiro. Ntufe.
Porquería, materia fecal (en lengua Carabalí): Tufé.
Porvenir: Lumbun.
Poseer una Nganga: Sungu nganga munu diata nganga munán sungu.
Pozo: Longue. Kamatoto.
Practicar el rito mágico: Yimbira, vamo, un poco yimbiraa. Ahora vamo a jugá. Yimbirar: practicar el rito.
Precinto: Nso gando.
Preguntas:

¿Qué dice?: ¿Kemambo?
¿Qué día es hoy?: ¿Kalumbo ka?
¿Qué día?: Ki kalumbo.
¿Qué le duele?: ¿Kokuando bonkuele?
¿Dónde vas?: ¿Kilumbo?
¿De dónde vienes?: ¿Sónguila kunwako? ¿Kensi watuka kilumbo?
¿Qué le duele?: ¿Kukendo wo ikela?
Me duele la barriga: Kumanguame yela.
Preguntas: ¿Para qué?: ¿Mukonda diani?; **¿Qué? ¿Cuál?:** ¿Kinani?; **¿Cómo se llama?:** ¿Kinani kimbi?; **¿De qué familia es usted?:** ¿Nkisi kensiguatuka?.
Preguntas:

¿Qué pasa en Africa?: ¿Efu buma kumasien Kongo?; **¿Cuánto ganas?:** ¿Kinani simbo sitan guei?; **¿Es usted casado?:** ¿Eyenklá?; **¿De qué pueblo eres?:** ¿Bata watuka?; **¿En qué pueblo nació?:** ¿Saputa nguei kinani kunanbansa saputa?; **¿Qué hay? ¿Qué pasa?:** ¿Kindiambo?; ¿Kañuke tujari?; **¿Dónde está?:** ¿Tatatá?; **¿Qué cosa? ¿Se fue? ¿Se fueron?:** ¿Kimboke? ¿Bembokuisa? ¿Baluyendo?; **¿Me voy?:** ¿Suantún? **Respuesta: Si quiere:** Solele. Nsolele; **¿Dónde está la pólvora?:** ¿Nguei ta ta ta tío tío Mputo?; **¿Quien gobierna?:** ¿Moni wayala?; **¿A qué Santo perteneces?:** ¿Bonga kibanga?
Prenda, amuleto: Singanga. Mpángala. Kundu. Nkundu.
Prenda, amuleto de palo y tierra: Kimbisa.
Prenda, amuleto compuesto con tierra y huesos de muerto. Talismán animado por espíritu de muerto, de nfumbi, «Prenda de muerto": Chechere ngoma.
Prenda, nganga poderosa que contiene cráneo de chino: Muganga. Mungonga.
Prenda: Nganga. «Lo más importante para ésta es el cráneo de un muerto, **con cerebro** y el corazón... pero «este es el órgano más difícil de obtener."

Prenda: La Nganga, el Nkiso, su wanga, domina la vida del Padre y de sus protegidos. Ejerce sobre ellos el mismo poder que el Orisha sobre la Santera y el Santero (Baba Orisha e Iyalocha).

Prenda: Ganga Kimbisa. Caldero (Nkiso). Lleva una cadena a todo el borde del caldero. Un Ochosi, (arco y flecha), siete herraduras, un aro, bola de hierro (Oggun) y un Mbaka, tarro cargado, con vititi mensu, espejo.

Prenda (judía): Macagua, «pa prenda» con ésta se hace una prenda que es el Diablo. «Una la quijada se pone abajo en la cazuela, cerebro (hueso de cráneo no, quijada que no se menea no se coge; chocozuela, dedo, mano, un pie, un seso (que sirve para trastornar cristiano). Todo eso hecho polvo dentro de la cazuela. Los huesos rasparlos."

Prenda: Nganga. Nkisi. Fuerza mágica, fetiche, aceptando este nombre lo dieron los portugueses del siglo XV a las estatuillas y otros objetos que vieron en manos de los negros. Es un objeto influído por la Nganga o habitado, mejor dicho, por la Nganga, dotado de un poder sobrehumano, del alma de un difunto que toma cuerpo en aquel objeto. Generalmente en los templos congos una cazuela o un caldero de hierro al que se le da el nombre de Nkisi Nganga.

Prenda: Nganga Nkisi. No pueden dejar de tener nombre las ngangas como las personas para que sean completas y efectivas. Y como el nombre se halla tan íntimamente relacionado con el carácter, estas reciben algunos tan elocuentes como «Acaba mundo», «Viento malo», «Tumba cuatro», «Tiembla tierra» etc. A veces por ironía se les ponen nombres despectivos que disimulan su poder incuestionable. Así Baró hizo una Campo Santo Porquería y la probó en sí mismo. Mamá Fumbe es el nombre de una nganga que no come más que gato los Viernes Santos. Lukankansa en Mamá Fumbe. Cuando llega se pega una vela en el ojo y no se quema. Hay que quitárselos pronto al «perro» (medium). Los perros de estas ngangas se arrastran por el suelo. Los domina el mayordomo o asistente del Padre Nganga. Siempre hay un medium para comunicarse con el espíritu y alguien que sepa dominar al medium en casos de posesión violenta.

Nsasi, equivalente congo de Changó, cuando monta (toma posesión del medium) prueba mucho a «su caballo», «come velas encendidas, se pasa la llama por la cara, se da tajos en la lengua». Cuando un perro o caballo (medium) está poseído no se le puede tocar. Una mujer puede tocar a otra mujer en trance si se le ha subido la ropa. Debe ponérseles pantalones porque con frecuencia estos mediums ponen la cabeza en el suelo, se suben las faldas y «enseñan lo que no deben». «Los perros de la Nganga Siete Estrellas o Siete sayas cuando el espíritu los monta viran los ojos en blanco. Desde que llega no se le ven las pupilas, camina y no tropieza. Estas prendas son Vriyumba, Congo Mumbona y Luando, que todo es Vriyumba Nsasi kunán siete. A esta prenda bajan los luceros. No se le da fiesta más que en el Monte, a cierta hora de la noche se la deja sola, pues bajan a ella los astros y privan a la gente de conocimiento. Se le da comida de 12 a 3 y se deja sola. El Mayordomo y el Padre se ponen a cierta distancia, a unos 24 pasos y hacen sus rezos y cuando cae la noche se ve bajar la estrella y la recogen con un paño blanco. No puede estar nadie presente, perderían el conocimiento. A nosotros los criollos nos cuesta trabajo atraer un astro». Cuando una mujer está «montada», posesionada por el espíritu, sólo el Mayordomo o el Padre Nganga puede hablar con ella.

Prenda: Nganga. Muerto, espíritu de un muerto que actúa en el caldero o en la cazuela de barro del mago o «mayombero». Por extensión se llama nganga a estos recipientes.

Prenda: Nganga cristiana y nganga judía. Las reglas de congos se dividen en cristiana y judías. En las cristianas se supone que sólo se trabaja para hacer el bien con buenos espíritus; en las judías, con espíritus atrasados, para hacer el mal. Estas prendas judías «comen», además del gallo, que es de rigor, sapo, alacrán, ciempiés, rata, bichos malos y dañinos como ellas. En las ofrendas que se le hacen a las ngangas los afiliados a las sectas congas no exponen las vísceras como los lucumís.

Prenda: Nganga (comida de). La Nganga llamada Mamá Lola «come gallo blanco» y «chivo blanco». Mamá Téngue, gallo, «pero que no sea ni blanco ni jabao». Má Yimbi «come lo mismo que Mama Tengue».

Cuando se presenta un chivo ante la prenda se dice «ahí tá chivo que yo te dá», pero no caerá una sola gota de sangre dentro de la nganga. Separado de la nganga se abre un agujero que la recibirá y allí va el espíritu a absorber la sangre. Para refrescar la nganga: ginebra, vino seco o yema de huevo.

Después de darle chamba (véase bebida) se le rocía con Agua de Florida.

Prenda (jura): Jura Nganga. En el rito de iniciación se le dice al neófito: «Juro Sambia» (juro a Dios); «juro Mbele» (la navaja con que se le corta en la piel las cruces del juramento); «juro Nganga": al Fundamento o prenda; «juro ntoto», a la tierra.

Prenda judía: Nganga Móse. Se le llama así a la Nganga judía.

Prenda: Nganga. En la principal, —la que manda— en un caldero de tres pies, se echa tierra de cementerio y de cárcel, arena de mar, oro, plata, acero, hierro, aguardiente, vino seco, cabeza de Jefe de Prendas y un ojo, palos y yerbas, carnero, jicotea, pelo de elefante, «y otras muchas cosas más» y se consagra.

Prenda: Sarabanda. Es un tronco, fundamento, es decir la primera prenda o ganga que reciben los iniciados. Se compone de polvo o «tierra» de Siete Iglesias. De Siete Sepulturas. Arena de mar. Arena de río. Tierra de Siete Presidios. De tres Juzgados, de la Cárcel, del Vivac, de la Cárcel de Mujeres, del Tribunal Supremo. Siete metales. Veintiún Palos del Monte. Tierra de bibijaguero. De Tribunal de Urgencia, de Cuatro Plazas (puestos) del Mercado. Ceniza de horno de panadería. Tres piedras de La Caridad, tres de Regla, tres de Santa Bárbara. Limalla (hierro en polvo). Pimienta de comer. Aguardiente (un litro), tres gallos prietos. Un Ochosi (arco y flecha de metal), una bala de cañón chico, redonda, tres clavos de línea, un aro, un casco de buey, tres de mulo y tres de caballo, sabandijas y pájaros.

Prenda Makuá: Los makuá tenían una prenda muy poderosa. Un makuá, Castro Baró, nos dicen que tenía una muy extraña «a la que no se le cantaba». Para atraer al Espíritu se ponía brasas en la cabeza. Tenía el pelo quemado pero no la carne. Ahí venía el espíritu a la candela. Una vez la casa de Castro Baró se incendió. Todos sus tarecos se quemaron menos la prenda ni el sitio en que ésta se hallaba. «Mi madre iba allí y me llevó. El quería subido, es decir con el santo montado (en trance) rogarme, iniciarme, pero yo no quise. Me dió horror verlo coger la candela con la mano y pasársela por la cabeza. Luego cogía —vititi nkobo— y todo lo decía."

Prenda: Ganga. Cuando se la recoge (la Nganga) del cementerio o de abajo de la Ceiba, se anda de espaldas un tramo. Levantar tres veces, al llegar a la puerta si puede volverse de frente. Al entrar en la casa la misma operación al entrar y al salir.

Prenda: Nganga. Cada Mayombero tiene sus poderes protectores que a veces hereda de sus mayores y que él mantiene y acrecienta, según los cuidados que prodiga a su Prenda. Sólo observando meticulosamente sus deberes con la Nganga, ésta le corresponde infaliblemente.

Prenda: Hay Ngangas o Prendas que trabajan en el campo debajo de un árbol de jagüey (los ritos se efectúan debajo de un árbol de jagüey). «Se saluda debajo de un jagüey: Kaguama, kaguama, palo jagüey colorado. Kaguama con licencia y tenían que llevarla a Madre Agua que vive en el río y allí se daba vista, es decir, se iniciaba al adepto y se le preparaba la vista para que adivinase."

Prenda: Para hacer daño «prenda judía» se llama Chichi W. «Es como Iwanga y kindiambo. Endiablada."

Prenda: Mamá Umba (de río) es una Nganga judía para defenderse contra los brujos. «Después de ser un gangulero de Palo Monte se agarra mayimbe (tiñosa) para ver lejos y lo que hay arriba y poner al brujo en contacto con el cielo. Mayimbe le trae los luceros, siete luceros y yo lo he visto».

Prenda: Nganga. Bañar la prenda. «Las que no son judías se bañan con cascarilla, albahaca, agua, vino seco y agua del río y del mar y de pozo. Tres aguas. Se dejan secar al sol. Se le frota manteca de corojo al fondo del caldero. Se le hace la firma abajo y se vuelve a montar».

Prenda: «Yo wiri mambo, ya yangó». Cuando va a hablar con la Nganga indica que se callen: «Tapa kari Dundu malo». Cuando el espíritu se despide: «Cielo, tocar la mano con cielo». «Pimba toca mano con siguaralla» (coge gajo para **rayar** la mano). Canta la hora: «nsusuguariri» (a cantar la hora).

Prenda: Ganga. Las Gangas tienen Madre, descienden una de otra. Los días de fiesta el Padre se para sobre su prenda, la prenda entre las piernas abiertas. El Mayombero presenta una palangana de agua con la vela. Lo primero que se presenta es agua para **refrescar.** Se les da agua. El resto se bota a las cuatro esquinas, con su derecho. (Nones: el derecho de Elegguá debe dársele en nones para que siga cantando). Antes de darle nada se la deja quieta con la vela (las que tienen emfusoli, paño morado, negro y blanco) y se va a dar la comida al quicio de la puerta, su mgumbe (jutía), su vela y se va a la prenda con el gallo a limpiar a los hijos. Si el gallo muere, no se pasa a más nadie. Se recoge ese gallo, vivo o muerto, y todos dan algún dinero en el cartucho donde se envía a la finda y se paga derecho al mandadero. Se coge un matari y se le pone en la boca al mandadero. No se lo debe quitar de la boca hasta que no vuelva. Cuando regresa se presenta la uría a la prenda. Entonces comienzan los cantos y se presentan las gangas (Funlis). El día del santo de la ganga es día de fiesta, no se trabaja, se recibe. Resguardos: se hace con objetos iniciados, consagrados sobre la prenda. Para que trabaje se hace sacando los ingredientes que lleve de la prenda. Boumba o Madre que va a parir otros santos tiene ingredientes para hacer prendas de distintos santos. Que viene un hijo de Santa-Bárbara para un resguardo, tengo que darle ingrediente de Santa Bárbara. Todas las prendas de ahijados y de futuros padres dependen de la prenda del Padre Ganga. La casa de cada Padre Ganga viene a ser como un templo: lugar de resguardo de todos los hijos."

Prenda: Ganga. Los palos que van en la prenda, en trocitos, un pedacito de cada uno. «La Ganga lleva muchas cosas. Un Cuatro Vientos, —la quijada de muerto se llama así— manda a todos los espíritus de animales, avispa, lechuza, mancaperro, sapo, tiñosa, etc. etc. Para buscar muerto no se puede ir solo. Hay que coger dedos de las manos, de los pies, sesos, cerebro, **donde piensa la cosa,** costilla, canilla, pa correr. Todo eso se coge en un pañuelo negro, todo eso lo rocía con aguardiente y lo amarra. El que va a ser dueño del muerto se acuesta en el suelo, se tapa con una sábana, le enciende cuatro velas el Mayombero y debajo está hablando con los restos. Arriba del mayombero tendido en tierra se pone un machete con siete pilitas de pólvora. Quema. Si la pólvora barre con todo, el muerto acepta. Entonces **es** cuando coge los restos y los junta con los palos del Monte, los rocía con aguardiente, ginebra, le da humo, lo envuelve, se lo lleva a su casa. Debe dejarlos en el techo de la casa, afuera, que coja sereno y con el Mayordomo en trance luego en el cuarto. Allí lo deja en el pañuelo o en el caldero. Para dejarlo en el pañuelo hace un gesto."

Prenda; Hijos de la Prenda: Moana. Se les da un collar o un resguardito. Esos no tienen que aprender. A los que no van a ser Padres, si no criados, «pa que se suban se les corta el pellejo. Cruzar tres veces arriba de la Prenda. Primero se baña. Se hace después un resguardo y se le da. A los que van a ser criados: se les corta el pellejo, se les da vista y se les da un gajo, una prenda nacida de la del Padre. Le cuesta $7.75 Pero cuando aprendió de todo hay que darle la vuelta al discípulo."

Prenda: «Los animales que se sacrifican **no huyen.** Si se pone arriba de la prenda **no se van.** Aquí están propensos a irse. En casa de C. con la cabeza arrancada, al levantar el mambó cantó.

Clarito. Eh, wirico ganga me da su licencia. Mi gallo va cantá. Cocorí. Y el gallo cantó».

Prenda: Nganga. Moanas. El «Palo» —el espíritu— es como un antecesor espiritual. Se «emparienta» por la Nganga, (o el Santo en lucumí). Los parentescos espirituales, en este caso, son muy fuertes. «Hijos, hermanos de Nganga».

Prenda: Makuto. Talismán, objeto pequeño fabricado por el gangulero y dotado de poder espiritual. La prenda es, de cierto modo un dios pequeño que ejerce su virtud mediante sacrificios, etc.

Prender, cautivar: Okangre. Nkange.
Preso: Nena luande.
Presumido; elegante: Akembo.
Principal: Mukua Dibata.
Príncipe: Wariata Makatendi.
Procrear, multiplicarse las crías: Gangángome.
Prohibido: Nlongo.
Pronto: Tuimini.
Prostituta: Nkuna nwako. Ndumba. Kontoria.
Prostituta: Mbisi L'Abana.
Prueba: Walenga.
Pueblos del Congo: Kiwanuka. Katijondo. Kalunda. Bánsa. Tanánarube (Ver también Congos y Etnias).
Pueblo; el último pueblo: Bango-bango.
Pueblo grande: Bansaduelo.
Puente: Masa lamba.
Puente sobre el camino: Masa lamba munansila.
Puerco: Misunguro.
Puerta: Munelando.
Puerto: Dienso.
Puerto, «un gran puerto congo": Musianda.
Puesto: Monguanda.
Puesto de frutas: Munansando.
Pulga: Nson bónkila.
Pulsera: Brimini o bremine.

Pupilas, «las niñas de los ojos": Ngengele mensu.
Puya, canto de puya: Este lo lanzó un congo que presenciaba un plante ñáñigo: Lungué bukambué botán tambo bariké.
Puya: Puyas en forma de adivinanzas. Congo muy puyero, sobre todo cuando son rivales. «Mumbó ma yale kui. Dos lagartijas boca abajo. ¿Cuál de las dos tiene dolor de barriga? No pudo adivinar. Cuando hay dos toros en la sabana, uno grande y otro chico. ¿Cuál mayorea? El más chico. Porque la Prenda tiene criado, y el criado es el que domina».

Q

¿Qué cosa?: ¿Ké kiuma?
¿Qué quiere?: ¿Lembo?
Quebrado, relajado, «que tiene canchila": Manungua.
Querer, quiere: Bari. Mbari. Ngolele.
Querer, me quiere: Nsode. Nsobele.
Querer, quiero: Ntondele.
Querida: Yayé.
Quiebra Hacha (Copaifera hymenaefolis): Mbele. Muka. Mbele mukua nkete. Mobelemuka.
Quiebra Hacha: Molenuka. Guarató nketete mobele.
¿Quién manda?: ¿Moni wayala?
Quien más puede: Kemá tenda.
Quiero: Malongodia. Tumalongodia ntu.
Quimbombó (Hibiscus esculentus): Balango. Bañe. Goudei. Ndimba. Dimba. Ngungo.
Quimbombó: Gondei. (Lengua de congos Gangá.)
Quince: Makumatato. Kumitano.
Quita sol: Talatango.

R

Rabo: Sila Biokónsila.
Raíz: Bugule Nkunia.
Raíz de yerba: Bugule nfita.
Rajadura que se hace en el tronco de un árbol: Musitoto.
Rama, cetro: Kimpungo mi welelé Sambiampungo.
Rana: Siré. Chulá.
Raspalengua (Casearia hirsuta, Sw.): Nkufíndula.
Rata: Mbinda. Matutu. Kibe.
Ratón: Untongo. Wénputo. Pu. Npu. Mpuku. Nyimiriko. Mprika. Mpuko.
Ratón de casa: Jipuko.
Ratón de barbacoa: Puku.
Ratón de monte (hurón): Puku munanfinda.
Rayado, iniciado: Muana Nganga.
Rayado, brujo: Nkita.
Rayo: Mukiama. Tubia Nsembi. Yilo.
Rayo: Nsasi fula. «El rayo está en el cielo, estalla, alumbra y cae en la tierra: Nsasi munansulu fula inoka muinda sokrila Nsasi kinfu lu muna ntoto."
Rebullicio, bulla: Wasángara.
Recinto de la Nganga: Nkusu (Apartado recinto en que el mayombero aisla a su Nganga).
Recipiente, bolsa, bolsillo: Kuto. Nkuto.
Recipiente de todas formas: Tumbo. Ntumbo.
Recipiente mágico; el de una Nganga judía para causar daño: Mose.

Recipiente mágico: Nganga pabibo.
Recoger: Kuabilanga.
Recuerdos: Samuna nkenda.
Redondo: Kuyereré, kuyere. «El Diablo Kuyere».
Refunfuñar, refunfuño: Munabungo.
Regla de Mayombe: Es una región del Congo. En Cuba los descendientes de congos dan este nombre a sus prácticas mágicas. La Regla de Mayombe se divide, según sus mismos adeptos, en dos ramas: Mayombe judío —magia negra, maléfica— y Mayombe cristiano —magia blanca, benéfica—. El primero sólo trabaja con el Diablo y a sus ngangas, cuando éstas lo exigen, es menester ofrecerles sangre humana. El Mayombero judío la deposita debajo de un árbol —no pueden o no deben tenerse en las casas— y las mujeres y niños no deben acercárseles. No se les toca ni se les habla: cuando el brujo las necesita para causar un daño le dice: Fulano o fulana de tal es tuya, y se le fija un término para que lo destruya. En estas «prendas» judías actúan espíritus perversos de muertos suicidas, criminales. Se preparan con el cráneo y los huesos de asesinos, animales venenosos, aves nocturnas. Por el contrario el mayombero cristiano «para todo cuenta con Dios» y trabaja para el bien de los que solicitan su protección.
Regla Kimbisa: De congos Kimbisa (Mbisa). A los adeptos y al que ejecuta los ritos de esta Regla, se les llama Kimbiseros. «El Kimbisero y el Biyumba eran perseguidos en un tiempo por desenterrar cadáveres». Kimbisa se llama la bebida que se da a tomar al neófito —agua del caldero o recipiente mágico— con siete granos de pimienta.
Regresar, volver: Lúrie.
Regular, así así: Ntámbuyere. Tambuyere.
Reina de Cabildo (nombre de una): Makunda.
Reino de Angola: Ngola. «De allí venían los congos portugueses."
Relámpago: Wákila. Mafula. Fulainioko.
Relámpago: Munalango. (Lengua de congos Musunde).
Relampagueo, indicios de lluvia: Nfula guisa.

Reloj: Ntiele. Bungafuto.
Remolino: Malongo Nganga vira-vira. «La tierra por donde pasa sirve para un desbarate, para desbaratar lo que sea se usa como maleficio. Remolino Malongo vira-vira es el equivalente de la diosa lucumí Oyá.
Resguardo, amuleto, «Prenda": Kabunga. Monganga. Mabula. Kondo. Kuto. Nkuto. Dilanga. Kineno. Nchila.
Resguardo (nombres de): Makuto. Pánga. Bilongo. Majumbo. Mpungo. Kindo.
Resguardo: Además de un objeto pueden servir de resguardo algunas fórmulas mágicas, por ejemplo, puede beberse un resguardo que protegerá su cuerpo: «Siete granos de pimienta, corazón de gallo, agua bendita, parto corazón por medio, mitad pa usté mitad pa mi. Siete pimientas pa usted, siete pa mi y un buche de agua bendita de la iglesia y vino seco con aguardiente. Ya eso sirve de resguardo. Puede tomarse veneno que todo lo vomita."
Retama (R. sphaerocarpa): Nkorimanfo.
Retrato: Dimbo.
Revólver: Nkele munanketo. Matende Mbelí.
Rey: Fumanchú. Fumuampi. Pumanchi. Nfumo mpí. Ntótila.
Rey y Señor: Gumbobiolo.
Rey del Congo: Mani Kongo. Saulambembo Kongo. Kongo de nótila. Saula nbembo kongo.
Rey de los blancos: Muene Mputu.
Rey de esta casa: Mani wayala nso.
Reyes, tres reyes africanos: Totele. Guriako. Makatenda.
Rezo: Mabungo. Para adivinar el brujo, revolviendo en una cazuelita adornada con collares de cuentas rojas, con ramas de yerba kimbinsi. El rezo comienza: Con licencia Tapasi Mabungo Mayoya. Tata Kilungo ndunga mbaka...
Rezo; Para «santuriarse», persignarse ante los Santos (cazuelas): Kuenda yalendo Sambi wátuka pendoki wáluka Sambiampunga paka dilanga kukián pila diá bakume nto malonga diá. Tula boma yungó tula mensu.

Rezo; Para encomendarse a los Mpungu y a los muertos y pedirles perdón cantando y bailando: Musieto charieto, senguengué mangüema muruwanda yayámbi dundu iré ban füiri. Se canta haciendo una ronda. «Es congo portugués».

Rezo; Otro rezo de la misma procedencia según el viejo Saturnino de Cárdenas: «Ambé kesé ambé kesé yaya nyaya nguidí nguidí nke nke ma kumba nkumba nkumbasa nsá nkunián beta nbeta beta léngue emá lémbe yaya».

Rezo para llamar al espíritu (un Siete Rayos): «Wanguere wanguere tu ñaré. Buenas noches Siete Rayos, ya tiene Padre ya tiene Mare, ya Sambiampunga te da licencia. Licencia Sambi kaputu mani, ya wiri ndinga amarra sarakanga makuto makuto mpulu que Sambiampunga te dé licencia. E vira sara víralo vira mayimbe.» Los vasallos palmean suavemente en susurro «¡Vira sara víralo!"

Rezo, canto que acompaña los ritos que practica el Padre Nganga: Mambo. Ntotolí tolí ya yé ya yé un. «Este mambo recordaba a un rey congo que había en Sabanilla del Comendador que era el rey de todos los congos de Matanzas. Una vez al año se iba a rendirle homenaje».

Rezo para despedir al Espíritu que ha tomado posesión del Taita Nganga. Suele despedirse con estas palabras: I' Malembe Mpolo yakara malembe moana nketto kaise nguei munukiá munu malembe.

Rezo para pedirle a la Virgen de Regla que llueva: Yembe wanyere wangueré wangrí.

Rezo para saludar y llamar a Sindaula: Enai buburú buburú tende tendelá Babá sikirimboa kibundo kinunje nují wiri ngüirí funda afundá ntutu afundán tutu kubángula abangú bangula alinché ambronchó ambroncho Mario kuma amisí brombó Tata Ngula lamusengue sengue a kara akará kara meñe limeñe ban bronsio Mario kuma amisi brombó Tata ngula lamusengue sengue a kara akará kara meñe limeñe Ban bronsio Mario kuma marioko mamisi nkuenda tumalá meñe. Iée Sindaula ndundu yambaka yimbulanda. (Este rezo es para saludar y llamar a los Santos).

Rezo, bendición para cuando se estornuda. «Como si dijese salud y que Dios te ampare y te conserve como plátano manzano": Sakula musakula sakula mumbansa musukundenda tatikán sangantiba karirí fuá yande.
Rezo para la Yaya (Oxandra lanceolata. S.W. Berth.): Ambekese amkese yaya, nyaya guidi nguidi nke kemá kumba nkumbansa nsa Kunanbeta mbeta beta léngue emá lémbe Yaya.
Rezo para una Nganga: Enaí ené buburú buburú ténde ababá ababá chirimboa kibundo kinunsi nunjinguirí inguirí funda afundán tutu tutu kumbángula libangún bángula alinché banboncho ami simborombó tata angula amusengue akará akará méñe limeñe bambocho.
Rezo: Munduso mundanga mundusu mundanga kunansari kunansari kuenda kuenda ekuenda con kuenda.
Rezo: Aé warandaria seré warandaria warandaria seremí warandaria eñeñeñé nike kongo ba pa lañí. Salakurimansara lugüei güei. Mbemberesuya suyé é. Mbemberesuya suyé é.
Rezo: Musieto, charieto senguéngué mangüema muruwanda yayámbi dúndu iré ban füiri... Se reza encomendándose a los Santos, pidiéndoles perdón, cantando y bailando en ronda. (Congo portugués).
Rica, la más rica de mi tierra: Yeleleu bungue.
Rico: Mbongo.
Rincón: Kasuako.
Riñón: Bangá. Mbangá.
Río: Lukala. Lukango. Mbilesi. Nkanimá. Kokanso. Kuilo. Kokoansa. Nlango mbumba. Kunabungo. Kakongo. Kuilo fútila. Kuilo infuri. Kuilo insari. Konimá. Kuilo lukunga. Kuilo mandanda.
Río: Kuilo, «un río grande de tierra de Congos». Kuilo masa mandombe. Río caudaloso de Africa.
Río de Africa: Munu keanfú.
Río pequeño, riachuelo: Kuilo meni meni.
Río-caimán, espíritu malo de río: Lango mbumba.
Rival: Manimo.
Rojo: Mengu.

Rompe-zaragüey (Eupatorium odoratum): Ntema duán finda.
Romper: Boa. Diboa.
Ropa: Nguelele. Nche. Mbeke. Miengue. Lele. Nguelele. Forón.
Roto: Kitutu.
Ruido estridente: Kata kata.
Ruiseñor: Nui bobelangunga.

S

Sábado: Limbawasande. Wengue. Ngué. Dengué.
Sabana, llanura: Inseke. Beko. Muna. Ditutu.
Sabanero (pájaro): Suandoke. Temboakala. Nibaleke sunsu. Nui nibaleke.
Saber: Bika. Gualuki.
Saber, curar: Nlekila.
Saber, yo sé: Wuankiki.
Sabiduría: Tuán. Ntuán.
Sabiduría: Bundanga. «Mundele quiere bundanga» (El blanco quiere saber).
Sabio, jefe: Nfumo sango guluba nyanda logué.
Sacerdote, mago: Tata Nkisa. Taita Nganga. Nganga Manga. Nganga Mpiata.
Sacerdote, el Padre Nganga, el de mayor autoridad, el más viejo, «que se sienta a oir": Kintoala Nfumo.
Sacerdote de Regla de Congo: Muana ntu Nganga.
Sacerdote, Padre Nganga: Mpangui Nkisi. Nfumo Bata. Nganga Bakulu. Kintoala Nkisa.
Saco: Ntuku. Fuko.
Saco: Makuto, saco largo y estrecho de guano tejido. En él se guardaban las brujerías. Por extensión se llama makuto a los amuletos aunque no estén metidos en sacos.
Sal: Sukre. Kisia mungua. Polomungo. Mpolo kalunga.
Salario, lo que se gana: Ken kimbo sitato.
Salió: Isá.
Saliva: Mete.

Salud: Yila. Dundesigé. Salamaleko.
Saludo: Salamaleko maleko nsala (saludando).
Saludo: Malembe.
Saludo: Malembe mpangui: ¿Cómo estás hermano?
Saludo; Buenos días: Wobengamo. Lukabé njeto.
Saludo; Buenas tardes: Malembe nyale.
Saludo; ¿Qué tal, está bien?: Ntuenda malembe.
Saludo; ¿Cómo está?: ¿Tu kaise ngueito? Se responde: Ntuende malembe: Estoy bien.
Saludo; «Usted es una mujer que yo quiero y por eso la saludo": Moana ndumba katikú basandi pángala bó mata yo.
Saludo; Hasta mañana si Dios quiere: Basimene Banangunga kusolele. Se responde: Basimene kuenda bamburí.
Saludo; ¿Sigue usted bien, se encuentra bien?: ¿Malembe nguei nkolele kasakó?
Saludo; ¿Cómo está su señora?: ¿Nkento yande nkolele kasakó?
Saludo; ¿Cómo está su mujer?: ¿Kento yakala yandé?
Saludo; Que le vaya bien: Lusala koambote. Sila kiamboti.
Saludo; ¡Hasta luego!: ¡Kunansare brikuenda!
Sangre: Kimenga. Menga. **La sangre va a correr:** Mbombo menga. La sangre de los cortes de la iniciación se echan en una jícara con aguardiente, y después todos los cófrades beben. Luego se echa en la prenda. (Véase bebida).
Sangre de negro, tinta negra: Menga nfiota.
Sangre de chivo: Menga bombón sila.
Sangre que beben los mpangui o hermanos de un mismo Nso de Nganga: Ukana menga.
San Antonio: Kabanga tengue yaya. Bakuende Bambán Diángola. Bakuende mamba deangolo. (Eleguá).
Santa Bárbara, «Santo por excelencia, Changó congo": Nkita.
Santa Bárbara: Sasi. Nsasi. Nsasi Mpungo. Muilo. Mukiama muilo.
Santa Clara: Nkandu.
San Francisco: Nsambia munalendo. Sambia muna bembo. Mpungu kikoroto. Lamboamfula y Viejo Tondá le llaman.

San Juan: Madioma.
San Lázaro: Mpungun Fútila. Tata Funde. Matalá. Patipolo (Babalú Ayé). Dibuddi. Corresponde a Babalú Ayé de la Regla Lucumí.
San Pedro: «Es en congo Tié Tié Budibú». (Ogún, el dios de los hierros yoruba). Nkuyu watariamba. Sarabanda.
Santa Cruz: Hacer la señal de la Santa Cruz: Sesú madié sidonle mbake.
Santo, Espíritu, la fuerza sopbrenatural que actúa en el caldero: Malongo.
Santo, Espíritu que sirve al brujo: Nkisi.
Santo; Espíritu, objeto de adoración: Malongo.
Santo: Pungu Mensu. Divinidad equivalente al Eleguá de los Lucumí, «un Elegua congo».
Santo: Bakúende, equivalente de Eleguá. «Eleguá congo». Catolizado: Niño de Atocha.
Santo: «Santo congo no son santo bobo, no. ¡Kimbomba! ¡Imbamba!» dicho a los negros mayomberos.
Santo: Mpungos. Los santos que se invocan en el «Palo Cruzado», es decir, en los ritos en que se invocan también a las divinidades del panteón Yoruba: Eleguá, Ogún, Oyá, Babalú Ayé, Oshún, Ochosi, Obatalá, Orula y Yemayá.
Santo: Mpungu. Equivalente a la diosa yoruba Oyá: Impenso kilanga.
Santo: Mpungu mafula, es un equivalente del dios Eleguá lucumí. «Mpungu que está en los caminos».
Santo: «Santo Mayombe come candela cuando el Espíritu viene al cabildo» (al templo o Nso-Nganga) «se le pasa al perro (medium) la llama de una vela por el cuerpo, los ojos y la boca y se le hace comer, por eso se dice Santo Mayombe come candela».
Santo, mpungu de los congos portugueses adorado a fines del siglo pasado en el Central Santa Rita, Matanzas: Ganga nsúmba.
Santo congo (un): Pibabo. Mkuise.
Santo congo, mpungu equivalente al dios Ogún: Dibuti.

Santo grande (fuerza o energía espiritual poderosa): Kitán kitán, Nkitán nkitán.
Santo Dios en la tierra: Sambi ntoto. Nsambi Ntoto.
Santo grande que equivale al Osain de los lucumí: Sindaula Andundu yembaka butanseke.
Santo de los gangá: Eserikika.
Santo grande de Africa: Sindaulo yandundu yembaka gutanseke.
Santo y Hombre Ilustre Poderoso, Jesucristo: Pungún kulo.
Santo Ladrón: Mpungu mitufi.
Santos del cielo (el conjunto de): Tori samabi.
Santos (Todos los Santos): Kinpungulu.
Sapo: Chulá, Nchulo, Nkuila. Ndiónsila.
Sayas: Lelepun.
Sebo: Meba.
Secar la ropa al sol: Busá tatu miengue.
Secretario: Tándala.
Secreto o «Fundamento» del brujo. Fuerza sobrenatural: Nkita kita.
Secreto: Sokinakue.
Seis: Mendapo. Samanu. Isabami.
Sembrar: Mambi kunafinda. Furintoto. Furi. Nfuri.
Semen: Malumi.
Senos: Mayene. **Senos de la mujer:** Mayene moanán kento.
Senos, «las mujeres se molestan cuando se les tocan los senos": Mabele moanan kento fula bolán kenda.
Sentarse o quedarse: Sikana.
Señal de la Cruz; «Como decir por la señal de la Santa Cruz": Sésu madié si don lé mbake.
Señor: Mpangui.
Señora: Penda. Nkento yande. Ngana.
Señora y ama: Fenda.
Señora. La señora se va: Nkento yande wenda kiako.
Señora Real: Mundambiola. (Se refiere a la araña, que se sitúa en medio de la tela y vive allí como una Princesa).

Señorita, doncella: Moananguele. Moaname. Ndumba marika. Moananketo. Monuduna. Muanandumba. Kinwaka.
Sepulturero: Kilembo. «El Tata Kilembo».
Septiembre: Godia bángara.
Serpiente, majá: Mbumba. Así le llamaban también los viejos al saco en que guardaban su Prenda o Nganga.
Serpiente: Nsiama.
Serrucho: Muiya.
Sexo del hombre: Nfía yakala.
Sexo de la mujer: Nsike muana nkento.
Sí, afirmación: Tambení. Guao. Gon.
Sí, bien: Kaguako.
Si quiere: Sólele nsolele.
Siembra: Mambi kunafinda.
Siéntate: Sitakeando. Guanda. Fuanda. Bonguankuaka. Kuanchá. Panda.
Siete: Isabure. Mensua. Sambuori.
Siguaraya (Trichilia havanensis): Inso. Tinso.
Silencio: Go. Al decir Go el que canta, se interrumpe el coro que responde a su Mambo.
Silencio: ¡Sió!: Masuko miao. ¡Waó!
Silencio: ¡Mambé! ¡Para!
Silla: Fumbo. Kibundo. Luando.
Sillón, mecedora: Sundambasi.
Simpático, agradable: Tondá.
Sinsonte: Nui susun gongoriko. Gondubiola.
Sinverguenza, malvado: Kimpumbu. Kofa.
Sirviente: Guana nfulo.
Sociedad, hermandad: Kuna kuan kuna.
Soga: Musene. Nima. Malingue. Mukolo. Kabulalaso. Bulo.
Sol: Tango. Ntangu. Tangui (lengua de congos Musunde).
Sol caliente alumbra: Tango alentama.
Sol se fue: Tango kuisa.
Sol en el cielo: Tango isa munansulu.
Sol sorprendió a la lechuza: Tango alemba susumdamba.

Sol está alto: Ntangu lungo.
Sol sobre la tierra: Tango ntoto.
Sol en el zenit, «cuando el sol está arriba": Dikumbi diatunda.
Soldado: Mubonga. Masererí. Masoari.
Soledad: Diata.
Solitario: Moana kaka. «Estoy solito": Mono kaka.
Soltera: Ndumba.
Sombrero: Bulukuame. Musumbo. Kawama. Burukuaba. Bulukuame. Kisumbo.
Sonido de la fragua: Lukuta lukuta.
Soñoliento: Kuleka.
Sordo (lit. oído malo): Fuamato. Fuanto.
Sortija: Bunsa. Mbunsa. Kanga bembo. Fumú. Nfumú. Lunsa.
Soy bien criado: Buta moana longá moana.
Soy el Diablo, el Infierno: Munu lurián bansa kadiampembe.
Suavecito, despacio: Malembe yaya.
Sube: Banda.
Subir: Bomboka. Tamboka. Pomboka.
Subir, levantar: Isa.
Sucio: Mabumbo. Mabumbu.
Suceso acontecimiento: Fuayaya.
Suegra, mujer: Nkento.
Suelo: Tore. Ntore.
Sueño, soñar: Kuanda nsoyi.
Superior, excelente: Kani kialolondán Keando.
Sun Sun: Nui unlango úntili.

T

Tabaco: Sunga. Nsunga. Nfutu. Diamba.
Tabla: Mambaya.
Tabla del pecho: Turu. Nturi.
Taburete: Fungo. Koanda.
Taburete, asiento: Nsanseco.
Talismán, amuleto, objeto portátil fabricado por el Ngangulero, dotado de fuerza sobrenatural. Es un espíritu o dios pequeño que ejerce su poder a favor de su dueño: Makuto.
Talismanes: Nkuta dilanga.
Tambor: Ngoma. Suelo. Duelo. Ngoma Mputo. Mosikila.
Tambor de madera y cuero: Nkumia munankanda.
Tambor chico: Kingoma.
Tambor Caja: Mula. (El llamador.)
Tambor pequeño que llaman alcahuete: Sámbila Matoko. (Para muchos informantes Sambila Matoko quiere decir: Marímbula.)
Tambor para bailar y divertirse los congos en fiesta profanas: Yuka.
Tambor, Repique de: Eñen gure kuto ndale koañongo ndale.
Tambor; Tocar tambor: Goma putu; «que hable el tambor": Bobele ngoma. Se decía al principio de una fiesta: Ingoma kokero bobole ngoma.
"Tambor, aprieta la mano que el sol se va": Kierolo Ngudia nguanga kirido ntan ntangue yere bakuele pembe wako yaya bakude dundun noke ntende.
Tambor. Toque para saludar a los Reyes en los Cabildos de congos en tiempos de la colonia: Sanguisao.

Tambor que se tocaba en los Cabildos congos: Makuta. Se empleaba para bailar solamente; El bailador de makuta usaba un delantal de piel de gato o de venado, adornado con campanillas. Llevaba colgado sobre el pecho una gangarria. Marcaba con todo su cuerpo el compás de la danza. Se recuerda a Villayo, a Pancho Becker y a otros como grandes bailarines de Makuta. «La makuta fue la madre del tambor Yuka."

Tambor: Toque de tambor yuca antiguo: Wataba. «Wataba o walabia y Makawa eran los más antiguos. A fines del siglo pasado el Kendeke y la Muralla acabaron con la Wataba».

Tambor. Toque o repique de tambor yuca: Kendeke. Muralla. Sucede, al decir de un hijo de congo que nos informa «Kendeke nació de la Tahona y de la Tahona nació la rumba Guaguankó, de nosotros los criollos del siglo pasado."

Tambor, Toque de Manawa o Makawa: Este toque de tambor yuca nace de los toques de Wayaba o Walubia, que son los verdaderamente congos y los más antiguos. «Cuando se introducen variaciones criollas, la Wataba o Walubia se llama Manawa o Makagua."

Tambor: Toque antiguo de rumba: Wawankó. Nació de la tahona. «Cuando yo nací, en el siglo pasado ya no se tocaba la Tahona... El Guaguankó me fortaleció las piernas».

Tambor: Chagani, toque de palo cruzado con santo lucumí.

Tambores: Masikuila o Masiwila.

Tapar, ocultar: Bongri. La nube tapa a la luna: Bongrí yalabgua gonda.

Tarde, por la tarde: Konaku wandi. Tangu Bulukoko.

Tarde: Musundia yandé.

Tarro: Mbinga. Bani. Nbani. Nkiala.

Tarro de chivo: Ncha riri.

Tarro cargado (cuerno mágico, amuleto, talismán): Mpanganga.

Tasajo: Basiako.

Taza: Ponda. Nchá.

Te voy a matar: Munu kangri moana.

Tea encendida para alumbrar: Nkinga.

Techo: Lulia.
Techo de la casa: Luli nso. Toda la casa: Luliá nso.
Tela: Kangu.
Tela africana: Paku.
Temblar, ataques, convulsiones: Niangi.
Tempestad: Fula inoka.
Templo, Sociedad: Kunalumbo.
Templo: Nso Nganga. El que manda en el templo: Kudiludia mundu.
Templo, El que se inicia: Kuamo Nganga.
Templo; Nombre de una Confraternidad: Kuna kuánkuna.
Templo: Para ser el Padre Nganga, sacerdote de un templo o Nso Nganga, «hay que visitar el Monte, los cunalangas (el río y el mar) y el Cementerio a las 12 de la noche con el Mayordomo del Padre Nganga. Cuando se le da al neófito su resguardo no se le raya, es decir, no se le hacen las cruces en el cuerpo con la navaja. Para iniciar se necesita chivo y gallo. El neófito duerme una noche ante la Nganga. La misma noche a veces cuando comienza la ceremonia se posesiona de él el espíritu."
Temporal: Kitembo kitembo. (Lengua de congos Gangá).
Temporal, el temporal está acabando con el mundo: Kitembo tembo sakringongo ñunga ñungué.
Tendedera para secar la ropa: Kabulalaso busá tato miengue.
Tener, tiene: Simbanka.
Tenga: abá.
Tengo mucha miseria: Nguá mio ngongo mi.
Tengo mi Nganga en cazuela: Sungo munu diata nganga munan sungu.
Terminó, se acabó: Demeyao. Imburi.
Terreno que rodea la casa: Dikanga di nso.
Testículos: Malungo. Mukuto.
Tibia forrada con un género negro y hojas de laurel y grama que empuña el Taita Nganga para invocar al espíritu: Kisenguere.
Tiempo: Tango. Mbu. Malanda.

Tiempo de agua: Godiá mamba. Malanda godiá mamba.
Tiempo malo: Wiro mato.
"Tiempo de cacería en cuaresma": Kitembolo Kaki tómbolo wángana motoko (Lengua de congos Gangá).
Tienda de ropa: Munu sando lele.
Tierno, blando: Wariabonda.
Tierra: Nsi. Ntori. Ntoto.
Tierra: Toto (lengua de congos Mumbela).
Tierra, la Tierra: Yela batadiame.
Tierra Conga: Mpangu.
Tierra mojada: Toto inteka.
Tierra del Rey: Kumanbansatali.
Tierra de muerto: Nsí Fuá.
Tierra que tiene brujería: Ntoto mabela.
Tierra de cementerio; del Monte, de las Esquinas y de los Cuatro Caminos: Se cogen para tener derecho a mandar a los caminos y que éstos obedezcan. Estas tierras se tienen en tazas bolas, y cuando se va a hacer alguna obra, se le da guineo con vino seco y manteca de corojo.
Tigre: Ngongoya. Angó. Ngo. Lugo. Kinaningó.
Tigre en yerba de Guinea: ngo kumararia.
Tijera: Kesi. Nsama.
Tina: Umpulu. Umpolo.
Tinta: Maganén Fiota.
Tinta negra: Menga Fiota.
Tirar: Tákula.
Tiro: Munduko.
Tobillo: Nguansi.
Tocar: Takalunga.
Tocar campanas: Bobelangunga.
Tocar tambor: Bobelangungán mputo. Gomá putu.
Tocororo: Duá. Duo. Dianfume. Diafume. Nui sunsu Guangaye.
Todas: Doiyákulo.
Todos: Lumbo.
Todos, conjunto: Lulia.

Todos reunidos: Yakoko.
Todos los días: Kilumbo. Kitumbo.
Todos los santos: Kimpúngulu.
Todos son iguales: Gogánti gogantí.
Toma: Ntuala. Fambo.
Toma y daca; tú me das, yo te doy: Kansimununu mukansike nguei.
Toma la candela: Ntualán benso.
Tomar: Tambula.
Tomate: Korogondo.
Tomeguín: Cheché wanga. Tié tié kukú boanga.
Tomeguín dice, soy el más valiente de los pájaros: Tié tié boanga kulundu boanga mune.
Tonto: Soé.
Tonudo, orgulloso: Lulendo.
Torbellino: Kitembo. Kitembo tembo.
Tormenta: Mbula.
Toronja: Machafio nkián kián ntutukuá.
Totí: Bafi. Mabenga.
Totí come campo de arroz: Nui bafiudia finda loso.
Trabajar, hacer algo: Banga. Nsikila. Salanga.
Trabajo. «Hacer el hechizo": Nsalanga.
Trabajo, hechizo u operación mágica que hace el Ngangulero: Nsala. Nsalakó. Saranda.
Trabajo, faena: Mudimi aena.
Trabajo, estoy trabajando: Munu tuyán sualo.
Tragedia. «Siempre hay tragedia en el Cabildo donde voy": Kangalán munu fua lombe yaya.
Trampa: Tambuame.
Trampa y casilla que se hace en forma de bohío: Munansó tamuame.
Trampa para coger a la jutía en el árbol dentro del monte: Tambuame nkumbe nkunia munanfinda.
Trance: Simba, le dicen los Mayomberos a la posesión de un espíritu, y Ngombe, Ngimbe al medium poseído. En los templos

llamados de Mayombe judío, les dan el nombre castellano de «perros».

Trance: En el momento en que el medium cae en trance, se comienza a llamar al espíritu, a interrogarlo y a «trabajar» el Taita Nganga; Se dice entonces: Bangararake mamboya panguiame.

Trance: Simba, simbando, simbó: el yimbe o medium bajo la influencia de fuerza síquica, un espíritu, nganga o Nkisi.

Trance, estar en estado de trance: Isá.

Tranquilo: Yeka. «Tranquilizate», calmate: Yeka yeka muana.

Trapiche, trapiche congo: Kunyaya; Kinyanya «Se utilizó durante la Guerra de los Diez Años», nos dice el viejo que nos explicó esta voz, «y consiste en un tronco que sirve de base a la pértiga que exprime la caña. El jugo sale por un canal de lata que tiene a un lado de la base.» Definición de un negro veterano.

Trasero gordo: Matoko mandunga.

Tratamiento que equivale al de señor: Imbángala.

Trece: Kumi. Kumiyato.

Tren, ferrocarril: Nkumbre kuna yiere.

Tren, camino de hierro: Dumbo mankaro silán bele.

Tres: Itatu. Satano. Tango yorú. Tano yorú. Tatu.

Tres caminos: Sila grobe.

Trincha: Nguenbebén. Guenbenben.

Triste, estoy, murió mi madre: Muni kaudilan nengua, kaudilanga.

Tristeza: Kikenda.

Tronco de árbol: Mufintoto nkunia.

Tropezar: Munantansila.

Trueno: Guánkila.

Truena en el cielo: Munansula bobelán kene.

Truenos, está tronando: Nsulu bongán kele. Bobelán kele.

Trueno. El Mpungu o Dios del Trueno, Nsasi, estalla en el cielo y cae en la tierra: Nsasi muna nsulu fula inoka muinda munansulu sakrila Nsasi kinfunda munantoto.

Tú, usted: Ngueye. Nguei. «Hable usted.": Dinga nguei.

Tú, usted: ¿Es usted casado?: ¿Ngueye mela?; ¿Tú te casaste?: ¿Nguei kuenda?; ¿Usted está bien?: ¿Ngueye kolere kueto?

Tubérculo de San Pedro: Saku saku. (Se le atribuyen grandes virtudes mágicas y se introducen en las Ngangas).
Tumba, sepultura: Nsika, Sila. Nso. Lukamba.
Tumba en el cementerio: Lukambo finda ntoto.
«Tumbar», dominar (mágicamente): Nkanda.
Tuya (planta): Matende.

U

Uno: Musi. Yesi.
Uno que camina por todo el mundo: Mutu wenda ngongo.
Uña: Kiala. Insala. Yensala.
Uñas: Salalembo. Mioki. Mioko.
Uñas de gavilán: Nui lusanga ntare.
Uva (Coccoloba uvifera): Mamputo.

V

Vaca: Naa. Najá.
Vago, haragán: Salantuwa.
Valiente: Yen yen.
Valla: Fuase.
Vamos: Ketudia.
Vamos a beber: ketudia idia.
Vamos a la cama: Tuenda chakueto.
Vamos a caminar: Ketudia kuenda.
Vámonos del brazo: Biambata.
Vapor: Nkubri Kalunga. Kumbe muna lango.
Vapor, vaho de la tierra: Pemba likoso.
Vasallos, criados: Lungualá, Kuangamá.
Vaso: Chuta. Nchuta.
Vaso de cristal: Basingamateya.
Vaya, vaya...: Tuaré tuaré.
Ve a dormir: Bá liká.
Vehículo (coche, volante, carreta que rueda por camino de piedra: Nsila ñoka munandanda matari.
Veinte: Dinwá yolé. Mako mole.
Vela: Muinda. Munda. Muenda.
Vela de sebo: Pemba.
Velorio: Tambi.
Ven acá: Feremelí. Bonguán sila. Kedansala. Teremelí.
Venado: Piti. Sansamó. Sombí. Kabí. Chá. Nchá. Sambere. Sansamo risi. Sese Mapungo. Bambí. Fasi tombole. Nsense. Sense.

Venado: Mapiango. Se le dice en Cuba «eres un mapiango», «no seas mapiango» al que no vale nada, no tiene fuerzas, resistencia.
Venado: Awé uro (Lengua de congos Gangá.)
Vender: Tuenda. Ntuenda.
Venduta: Munansando.
Venga: Mbanga. Mbonga. Wuanda.
Venir, viene: Lueka moana. Por ahí viene una persona: Lueka moana lueka.
Ventarrón: Impenso kilangua.
Verdad: Mabianga.
Verde: Mbí.
Verguenza: Nsoni.
Verguenza, me averguenzo: Momo nsoni.
Verraco: Guangangulo.
Vete: Kuao. Kuenda. Kuisa.
¡Vete!, ¡Lárgate!: ¡Diata!
Veta a dormir: Nda leka.
Vieja: Kienbomba. Kiamboba. Kiboba.
Viejo: Nsulá. Okubu. Okulu. Mbankasa. Wamba. Mbuto. Mbuta. Mabuta.
Viejo, mujer y hombre viejo: Nkento makande. Yakara makande.
Viejos: Bayaya.
Viejos, antepasados: Kulu, Nkulu. Okuba.
Viejos, Taitas: Tata Wamba. Makota. Ankulún.
Viene: Sunga.
Viento: Nfinfi. Porombo. Songé. Longuá. Mbembo.
Viento (El): Impinso.
Viento, Cuatro Vientos: Impenso siantoko. Los Cuatro Vientos de la Encrucijada: Impenso siantoko pamboansila.
Vientre: Fumanwamu. Manalusa. Nunalusa.
Vino: Malafo mabeya. Malafo mbaso.
Vino congo: Malafo malongo.
Vino dulce: Malafo sese.
Vino seco: Malafo mampina. Malafo nkele. Malafo masisí.

Vino tinto: Malafo manfuto. Mamputo.
Vino un niño a la tierra: Ki nani mbonga kunantoto.
Vira, vira: Bilula.
Virar, girar: Biringuer.
Virgen de la Candelaria: Mpungu Mama Wanga. Algunos la llaman tambien: Mumboma. Los ganguleros la equiparan a una fuerza violenta, a un Mpungu.
Virgen de la Caridad del Cobre: Kibula. Kibube. Chola Wengue, en la Regla Kimbisa del Santo Cristo del Buen Viaje, equivalente a la diosa lucumí (Yezá) Oshún. Chola Nkengue.
Virgen de la Caridad del Cobre, «Espíritu de Agua». Bumba. Mbumba.
Virgen del Carmen: Chácuna.
Virgen María: Ngana María. Fenda.
Virgen de las Mercedes: Nkengue.
Virgen de Regla: Baluande. Kiasimba kiamasa. Kibure. Mpungu Mbumba.
Virtud, bondad, riqueza: Bongo. Mbongo (lengua de congos Mumbasa).
Viruelas: Makuansa, Makuanse ntiti.
Visceras, gandinga: Ndia.
Visita: Sensa.
Vivir, vivo: Buriri.
Vivo, «uno que vive": Moana buriri.
Volante (típico carruaje de la época de la colonia): Mankaro ambata.
Volar: Kakuisa.
Volar alto o vuela un Santo: Nsalá Malongo.
Volver a casa Papá: Tata nso butuka.
Voy, me voy: Kuame.
Voy a bailar: Kuame kuambe.
Voy a la calle: Kuenda monan sila.
Voy a dormir: Kuami leka. Munu léka.
Voy a descansar: Kuenda fanga.

Voy a comprar: Wenda suiba. Voy a comprar miel: Munu bakusumbe ndimbo kinkolo.
Voy a contar un cuento: Ngueme muta kuio Ngene muta.
Voy a bañarme: Nunia masa.
Voy a tomar café: Nguei udiá tufiolo.
Voy al barracón, a mi casa: Munu kuisa mafua yambo munanso.
Voy a matarte: Muni kangri moana.
Voy, se fue: Kuisa.
Voz: Ndinga.

Y

Ya llegué: Mununtunga.
Yagruma (Cecropia peltata, Lin.): Matiti.
Yamao (Guarea trichilioides): Morumbankuo. Morumbankuo.
Yarey: Gorowayo.
Yaya (Oxandra lanceolata, S.W.): Koromeni.
Yerba: Nfita. Vititi. Matiti.
Yerbas: Musanga.
Yerbas. Toda clase de yerbas: Vichichi.
Yerba artemisilla (Argyrocheta bipinnatifida): Luanga.
Yerba atipolá: Maiké.
Yerba cagadilla: Pentóngo.
Yerba caimán (Polygonum portorricense): Bámbas. Nseke gando.
Yerba de calentura: Kisona.
Yerba de Guinea (Panicum maximum): Gumá. Maomá. Kumararí. Mariase.
Yerba incienso (Icica Guaianensis): Bodoké.
Yerba pata de gallina (Elusine indica): Kimbansa.
Yerba de brujería: Bikanda.
Yerba curamagüey: Desnuda la persona de pies a cabeza: Moane katuko kamulele: «así desnuda recoge en el monte el escondidizo curamagüey **(Marsdenia clausa R.B.)** planta excesivamente venenosa que se emplea para matar.
Yeso para pintarse las cruces y para trazar en el suelo el círculo de la Nganga: Mpemba.
Yeso de pintar: Tise. Ntise pemba matariyeso.
Yo: Mono. Mo.

Yo hablo con usted: Munu waba ngueye.

Yo me despierto: Manu wiriko.

Yo me voy: Mo kuenda nyele.

Yo soy Nganga, «como decir yo soy espíritu de muerto": Kuamo Nganga.

"Yo conozco muchos papeles, soy escribiente del Rey": Munu udia kanda bansala kuna kián kuna saulán Bembo. (Udia kanda: que come papeles).

Yo: Momo. ("Yo fui al ingenio Conchita, un blanco me dio un machete y me puso una soga en la mano. Caminé mirando la sabana. Vi bueyes y cochinos: Momo kuenda muna ban fuko conchita mundele ntuala kombón sila mbele munanketo kabulalaso munalembo munu kuenda munanseke ikiap kiap kiap... panga mensu ngombe.

Yuca: Madioka, Marioka. Mandioka. Mayaka.

Yuca, casabe: Mbómbo.

Yugo: Tulanwóma.

Yunque: Fiongo.

Z

Zapato: Mamabo. Pangamiano. Nkandu. Mukanda. Panganiano. Suigue.
Zapato puesto: Kangamamalo.
Zapato amarillo: Kando meankereso.
Zapato negro: Kando. Nkando bafiota.
Zapato americano: Nkando anguereso.
Zapatos: En casa del gangulero se quitan los zapatos «porque ¿quién ha visto muerto con zapatos?» Se le pinta una cruz en la planta de los pies (en las manos también) a todo el que entra.
Zapatos: Kanoamumalo.
Zapote: Mpure. Kobanko.
Zarza, árbol de espinas (Pisonia aculeata): Nkunia ntuta. Nkunia keri bendi.
Zun-zun chiquito pero valiente: Nui yolologongo nuani wapamí kamama.
Zurdo: Lowosi.

Segunda Parte

CONGO - ESPAÑOL

A

Abá: Tenga.
Abalán pemba: Caballito del Diablo.
Abanké: Abey macho.
Abayá: Acebo de sierra.
Abayo: Acebo de sierra.
Abubosa: Cebolla.
Aburo: Hermano.
Aé warandaria seré warandaria warandaria seremí warandaria eñeñeñé nike kongo ba pa lañí. Salakurimansara lugüei güéi. Mbemberesuya suyé é. Mbemberesuya suyé é: Rezo.
Afolo pemba: Caballito de San Vicente.
Afuamato: Caimán.
Afuamotu: Caimán.
Agüei: Hay.
Aindumba mo amana nkento: Mujer, tú me agradas.
Aindumba mokuanketo kitalonga Kui mambembé iyaya mandombelé: Muchacha que me gusta ya me quiso.
Ajumbo: Negro lucumí.
Akembo: Presumido, elegante.
Akiki: Ahora mismo.
Akikí kuila: Aquí mismo.
Akulambila: Cocinar.
Akún: Aguacate.
Akután bile: Cocinar.
Alulosa: Cebolla.
Alumalo: Pie.

Amako: Manos.
Amalo diamalo: Pies.
Amanmbán amanambele: Mano a mano.
Amasú kupubula: Iglesia.
Amasú mpubola: Iglesia.
Ambanu: Cinco.
Ambaro: Hombre.
Ambata saku saku: Levantar el Fundamento.
Ambé kesé ambé kesé yaya nyaya nguidí nguidí nke nke ma kumba nkumba nkumbasa nsá nkunián beta nbeta beta léngue emá lémbe yaya: Rezo para encomendarse a los Mpungu y a los muertos y pedirles perdón cantando y bailando, según el viejo Saturnino de Cárdenas.
Ambekese amkese yaya, nyaya guidi nguidi nke kemá kumba nkumbansa nsa Kunanbeta mbeta beta léngue emá lémbe Yaya: Rezo para la Yaya.
Ambiata: Juntos.
Amuró: Camagüira.
Anabutu: Monte.
Ancayo: Aceitunillo.
Andile: Amuleto.
Andilú: Esquina (Las cuatro).
Andó Kemá: Murciélago.
Anga: Oro.
Angó: Tigre.
Angola: Una de las etnias del Congo.
Anguao: Caña santa.
Angungá: Una de las etnias del Congo.
Ankulún: Viejos, Taitas.
¿Ansi batu kila?: ¿Dónde naciste?
Anyeta: Corojo.
Arrurrú nkángala silá...: Canto para «asegurar» mágicamente las cuatro esquinas de la casa en que se celebra una ceremonia kimbisa e impedir que se presente la policía.
Asa: Moruro.

Asonwá, Asowá: Guanajo, pavo.
Atororó naguí: Firma o trazo mágico que hacen los congos en el suelo.
Atuaba: Dame.
Atuyá: Da, dame, dar.
Atuyá muna yolé: Dame un poquito.
Awé uro: Venado.
Awuán: Guara.
Ayafá: Cangrejo.

B

Bá: Día.
Bá liká: Ve a dormir.
Babelanga: Achacoso, enfermizo.
Babelango: Enfermo, «cañengo».
Babika: Esclavo.
Babikuame: Amansa guapo.
Babomela busa: Coco seco.
Babomela mbí: Coco verde.
Babomela nfinda: Cocal.
Babuán: Capulina.
Babumbo: Lucumí.
Babuso: Hilo.
Badango: Pato.
Badango numia masa: Pato bañándose.
Bafi: Totí.
Bafiota: Una de las etnias del Congo. Negro «mulato muy oscuro».
Bafrimbo: Lucumí.
Bafumbo: Lucumí.
Bafumo: Médico.
Bagundá: Almidón.
Bakala: Hombre, hombres.
Bakalí: Marido.
Bakalú: Antepasados.
Bakento: Mujer, mujeres.
Bakúende, Bakuendé: Santo equivalente de Eleguá. Catolizado: Niño de Atocha.

Bakuende Bambán Diángola: San Antonio.
Bakuende mamba deangolo: San Antonio.
Bakuende Mpungu: Dios equivalente al orisha Eleguá de los lucumí.
Bakula: Ancestro, antepasado, muertos
Bakula Nganga: Padre Nganga y también monte.
Bakulo: Brujo.
Bakulu: Espíritus de los antepasados. Ancestro, antepasado.
Bakulu lele nkulu: Dios nos guarde.
Bakusumbe: Comprar.
Bala: Boniato.
Bala bisiantoko: Pájaro amo del monte.
Balala: Naranja.
Balango: Quimbombó.
Baleke: Joven.
Balígue: Niño.
Balonga: Cazuela.
Baluande: Virgen de Regla. Mpungu congo identificado con Yemayá, La Virgen de Regla. «Come» gallo y pato.
Baluba: Una de las etnias del Congo.
¿Baluyendo?: ¿Qué cosa?; ¿Se fue?; ¿Se fueron?
Bamama: Madre.
Bámbas: Yerba caimán.
Bambí: Venado.
Bambú: Mentira.
Bambunguei: Mentiroso.
Bambuta: Anciana, anciano, viejísimo.
Bambuto: Historia, cuento o historia del tiempo de antes.
Bana: Bala. Niños.
Bana coco: Coco (Dame el coco).
Banbangán: Conversando.
Banda: Sube.
Bandén Butúa: Lengua.
Bandoki: Brujo.
Bangá: Riñón.

Banga: Trabajar, hacer algo.
Bángala bo: Fiesta profana de los congos.
Bangala mondi: Cuchara.
Bangalán: Fiesta. Palos, Fiesta de palos.
Bangalán kele kilombo nifombo: Cuaresma (Llegó la).
Bangalán kene kilombo: Cuaresma.
Bangambi: Palma de las manos y de los pies.
Bangarake mamboya panguiame: Iniciando. Lo que se le dice al espíritu en el momento en que el médium cae en trance.
Bangó: Firma o trazo mágico que hacen los congos en el suelo.
Bango: Fama.
Bango-bango: Pueblo; el último pueblo.
Bango sasinguili: Fundamento (Nganga de un mayombero).
Bangüela: Una de las etnias del Congo.
Bani: Tarro.
Bankita: Muertos, antepasados.
Bánsa: Pueblo del Congo.
Bansa: Candela.
Bansa lomba jasadieto: Cementerio.
Bansa mabá: Corojo.
Bansaduelo: Pueblo grande.
Banso: Caliente.
Bánsua: Candela.
Bantenso: Palo Caumao.
Bantu: Gente, la humanidad. **Bantú:** El término bantú designa un conglomerado de pueblos unidos por el idioma. «Son todos los negros que emplean la raíz **ntu** para calificar a los hombres».
Bañe: Quimbombó
Baombo: Escoba amarga.
Barakanone otakondo: Jagüey.
Barango: Pato.
Bari: Mañana. Querer, quiere.
Bariyengue: Caimán.
Basángui: Estar en todo.
Basansui: Corto.

Basi: Hasta.
Basiako: Tasajo.
Basikanda: Niño.
Basimba: Mellizos, «jimaguas».
Basimba kalulu masa: Jimaguas, mellizos.
Basimene Banangunga kusolele: Saludo; Hasta mañana si Dios quiere.
Basimene kuenda bamburí: Respuesta al saludo: Hasta mañana si Dios quiere.
Basingamateya: Vaso de cristal.
Baso: Candela, caliente.
Basuke súnga: Fumar.
Basundi: Una de las etnias del Congo.
Bata: Mano.
¿Bata watuka?: ¿De qué pueblo eres?
Batata: Padres (Los).
Batolembo: Brazo.
Batu: Caballo.
¡Batukandúmbe bakurunda bingarará nguei!: Imploración, «¡Ay Dios y todos los Santos!».
¡Batukuran Sambi bukurunda bingarará nguei!: Imploración, «¡Ay Dios y todos los Santos!».
Bayaka: Una de las etnias del Congo.
Bayaya: Viejos.
Beba: Caraira.
Bebeke kimbansa: Pata de gallina.
Bebelú: Espartillo.
Beganguaria: Crecer.
Beko: Sabana, llanura.
Bele: Hacha. Cuchillo.
Beleko: Machete.
Beleloasia: Palo Hacha.
Belida: Agua compuesta con mancaperro.
Bemba: Caraira. Mundo.
Bembanguaria: Chayote.

Bembo: Blanco valiente. Manos.
¿Bembokuisa?: ¿Qué cosa?; ¿Se fue?; ¿Se fueron?
Benangué: Cañamazo amargo.
Bengá: Mango.
Benganfuri: Dolor.
Bengüela: Una de las etnias del Congo.
Beno nsumo: Nariz.
Benso: Pañuelo.
Beso: «Pendejo».
Beta: Araña.
Betekié: Palo Batalla.
Biambata: Vámonos del brazo.
Bianki: Culantro.
Bianki masa: Culantrillo de pozo.
Bifi: Carne.
Biinsa: Bejuco amargo.
Bika: Perro. Mirar. Saber.
Bikanda: Yerba de brujería. Hierbas.
Bikayoko pangán mensu: Espejo mágico, mirar el adivino en el espejo.
Bila: Arado. Fuerte, recio.
Biloko: Chirimoya.
Bilongo: Resguardo (Nombre de). Brujería, maleficio. Ver «Brujería» en sección Español-Congo).
Bilula: Vira, vira.
Bimbi: Ciempiés.
Biosunkén: Guamá hediondo.
Biringoyo: Una de las etnias del Congo.
Biringuer: Virar, girar.
Bisi, Bise: Carne. (Lengua de congos Mumboma)
Bisonso: Clavo; «clavo guardiero» mágicamente preparado por el brujo para proteger la casa de enemigos y de malas influencias.
Bitilengo: Bichito.
Bitondo: Palo Hediondo.
Biyaka: Ateje hermoso.

Biyesi: Hueso.
Biyumba: La fuerza que actúa en el mágico recipiente. Espíritu «de muerto y de bichos"; prenda de muerto.
Blankí: Mano.
Bloto: Alacrancillo.
Boa: Romper.
Boamá: Majá, serpiente.
Boanda Kambote: Dios quiera.
Boankatalayo: Caraira.
Boansi: Mosca.
Boba: Hablar.
Bobandinga: Hablar.
Bobé: Mucho.
Bobelán kele: Truenos, está tronando.
Bobelangunga: Tocar campanas.
Bobelangungán mputo: Tocar tambor.
Bobele ngoma: «Que hable el tambor».
Bodoké: Yerba incienso.
Bolo: Pan.
Bolo nkianki kianganá: Naranja agria.
Boloya: Hermosa.
Bomá: Culebra, majá, majá de Santa María.
Bomásua: Camaleón.
Bomboka: Subir.
Bomboma: Majá, serpiente.
Bonangunga kusolele: Dios quiera.
Bonantoto: Caracol.
Bondá: Matar.
Bondá tutu: Mandarria.
Bondá Ngulu: Matar cochino.
Bondán: Ciempiés.
Bondantuei: Elefante.
Bondele: Cortar, corta.
Bongá mamba: Llover, está lloviendo.
Bongán kele: Diparar tiros.

Bongo: Virtud, bondad, riqueza.
Bongri: Tapar, ocultar.
Bongrí dienso: Cerrar la puerta.
Bongrí yalabgua gonda: La nube tapa a la luna.
Bonguán sila: Ven acá.
Bonguankuaka: Siéntate.
Bonlambai: Palo Chinchona o Palo Vigueta.
Bonsando: Pensando.
Bonsé: Mosca.
Bonsomao: Palo Chinchona o Palo Vigueta.
Borunkoko: Pavo Real.
Bosongo: Una de las etnias del Congo.
Bota: Jiquí.
Bote: Bueno.
Boué: Castaño.
Boúmba: Espíritu. (Espíritu que actúa en el caldero y las sustancias que participan de éstos, «son Boúmba").
Brandiku: Mesa.
Bremine: Pulsera.
Brimini: Pulsera.
Brinda: Camarón.
Brukoko: Cabeza.
Búa: Perro. También se le dice así al médium o dueño de una Nganga.
Buamato: Gordo.
Buambúa: Nariz.
Buana kuansi: Así mismo.
Buaña: Bejuco pelado.
Buánburu: Perro lobo.
Buángua: Maní.
Buankasi: Nombre propio de mujer.
Buare: Bejuco pelado.
Buate: Botella.
Buela: Paloma rabiche.
Buendán kuako: Márchense.

Buendán sualo: Andar despacio.
Buengue nene: Guasasa.
Buéte: Estrellas.
Buetéte: Estrellas.
Bufole: Ponasí.
Bugule nfita: Raíz de yerba.
Bugule Nkunia: Raíz.
Buila: Asar, tostar.
Buimi: Avaro.
Bukisa nené: Niño, cuida al niño.
Bukuá: Árbol bonito.
Bukula: Parte, pedazo. Fuego.
Bukulú: Fuego, luz.
Bula: Gato «que está molesto».
Bulo: Perro jíbaro, «para los malos oficios», hechicería. Soga.
Bulu bulu: Carga mágica, el conjunto de materias que componen una nganga.
Bulukuame: Sombrero.
¡Buma kuandi!: ¡Basta ya! Está bien.
Bumba: Arco iris. Gato para magia. Majá, serpiente. Virgen de la Caridad del Cobre, «Espíritu de Agua».
Bumbema: Majá de Santa María.
Bumbi: Muerto.
Bumbo: Garrafón.
Buna Fukua: Noche.
Buna baku kolele nkulu: Dios nos conserve la vida.
Bunanfuka: Noche.
Bunanfuko: Ingenio de fabricar azúcar.
Bunansisa: Estrellas (Las).
Bunda: Grosella.
Bundán kisi: Iniciación o «juramento».
Bundanga: Sabiduría.
Bundankisinganga: Iniciación o «juramento».
Bundi: Azul.
Bundí: Cara.

Bundo keni: Placer sexual.
Bundokeni: Órgano sexual masculino.
Bundu: Bueno.
Bundu tima: Corazón.
Bungafuto: Reloj.
Bungame: Una de las etnias del Congo.
Bunganga: Maestría, saber.
Bungo: Martillo.
Bungo nani: Nalgas.
Bungoma: Una de las etnias del Congo.
Bungu: Amuleto, «el secreto».
Bunsa: Sortija.
Bunsi: Otro nombre de un makuto o amuleto.
Burakoko: Pavo Real.
Buriri: Vivir, vivo.
Burokoko: Conversación.
Buru: Enfermo, «estar matungo».
Burubano: Hombre.
Burukuaba: Sombrero.
Busá tatu miengue: Secar la ropa al sol.
Busubankele busabondá: Disparar la escopeta. Matar con escopeta.
Buta: Niño.
Buta moana longá moana: Soy bien criado.
Buta kongo: Hijo de África.
Bután Dumba: Adorno.
Butantoko: Pavo Real.
Butekié: Palo Caballero.

C

Calalú: Árbol que los descendientes congos dicen llamarse Nlanguo.
Camagua: Bisonte.
Chá: Venado.
Chacharambuko: Cabildo famoso de Sabanilla del Comendador. También fue notable un ngangulero llamado Chacharambuku, en Macurijes.
Chacho machako: Azogue.
Chácuna: Virgen del Carmen.
Chagani: Tambor, toque de palo cruzado con santo lucumí.
Chamalongo: Cementerio. Lucero de la tarde.
Chamba: Bebida sacramental. Bebida para rociar y fortalecer la Nganga. Se le llama también «kimbisa» en la Regla Kimbisa del Santo Cristo del Buen Viaje. Ver «Bebida» y «Bebida sacramental» en la sección Español-Congo.
Chángara: Cangrejo.
Chango: Médium.
Cheche Wánga: Piedra de Kalunga.
Cheche Wanga: Pajarito que tiene el «secreto de la Nganga» y cuya cabeza o esqueleto se pone encima del caldero mágico.
Cheche kalunga: Loma grande.
Cheché wanga: Tomeguín.
Chechengome: Grillo.
Chechenwanga Firilí: Nombre de Nganga judía «para hacer daño».
Checherre ngoma: Prenda, amuleto compuesto con tierra y huesos de muerto. Talismán, «prenda de muerto».

Chefo: Pelos.
Chelo: Pelos.
Chenché: Chivo.
Chiba: Plátano guineo.
Chichi W.: «Prenda judía» para hacer daño. «Es como Iwanga y kindiambo, Endiablada».
Chichigoma: Grillo.
Chichigumá: El número veinte (20).
Chichiri Ngombe: Becerro.
Chichiwanga: Nombre de Nganga judía «para hacer daño».
Chiki: Pelos.
Chikuere: Escribir.
Chimuene muene: Instrumento de música que se hace con una vara y una cuerda.
Chinga: Pescuezo.
Chiwabe: Gato.
Choflá: Navaja.
Chola Nkengue: Virgen de la Caridad del Cobre.
Chola Wengue: Virgen de la Caridad del Cobre.
Chonde: Jutía.
Chonkukusara: Garza.
Chonwé ansaro: Garza.
Chonwé ansa mundele: Garza blanca.
Chú: León.
Chukensara: Garza.
Chulá: Rana. Sapo.
Chunué: Ateje hembra.
Chuta: Vaso. Alacrán.
Chuwensara: Garza.
Congo Angola o Ngola: Pueblo congo.
Congo Angunga: Pueblo congo.
Congo Babingá: Pueblo congo.
Congo Babundo: Pueblo congo.
Congo Bakongo: Pueblo congo.
Congo Bamba o Mbamba: Pueblo congo.

Congo Bangá: Pueblo congo.
Congo Benguela: Pueblo congo.
Congo Birigoyo o Biringoyo: Pueblo congo.
Congo Bosongo: Pueblo congo.
Congo Bungoma: Pueblo congo.
Congo Butua: Pueblo congo.
Congo de Ampanga: Pueblo congo. Tenían fama de estúpidos, pero eran audaces y atrevidos. De ahí el dicho de ser de Ampanga. «Fulano es de Ampanga».
Congo Gangá: Pueblo congo.
Congo Insola: Pueblo congo.
Congo Kabinda: Pueblo congo.
Congo Kabundo: Pueblo congo.
Congo Kakanda: Pueblo congo.
Congo Kakongo: Pueblo congo. También lleva este nombre «un río muy grande».
Congo Kasambo: Pueblo congo.
Congo Kimbundo: Pueblo congo.
Congo Kisama: Pueblo congo.
Congo Kisanga: Pueblo congo.
Congo Kisí: Pueblo congo.
Congo Kumba: Pueblo congo.
Congo Loanda: Pueblo congo.
Congo Loembi: Pueblo congo.
Congo Loenga: Pueblo congo.
Congo Mabika: Pueblo congo.
Congo Machuka: Pueblo congo.
Congo Makinimá: Pueblo congo.
Congo Makuá: Pueblo congo.
Congo Maní: Pueblo congo.
Congo Masango: Pueblo congo.
Congo Masinga: Pueblo congo.
Congo Mayombe: Pueblo congo.
Congo Mbaka: Pueblo congo. Eran muy bajitos. Mbaka quiere decir enano.

Congo Mbandole Mbuila: Pueblo congo.
Congo Mbuila: Pueblo congo.
Congo Misumbe: Pueblo congo.
Congo Mombasa: Pueblo congo.
Congo Mondongo: Pueblo congo. Se consideraba que eran los que peor hablaban. Su lengua parecía Karabalí Bríkamo.
Congo Mosongo: Pueblo congo.
Congo Mosukambi: Pueblo congo.
Congo Motembo: Pueblo congo.
Congo Mpangu: Pueblo congo.
Congo Muluande: Pueblo congo.
Congo Mumbala: Pueblo congo.
Congo Mumbata: Pueblo congo.
Congo Mumboma: Pueblo congo.
Congo Mumdamba: Pueblo congo.
Congo Munyaka: Pueblo congo.
Congo Musabela: Pueblo congo.
Congo Musakamba: Pueblo congo.
Congo Musamba, Musambo: Pueblo congo.
Congo Musombe, Musombi: Pueblo congo.
Congo Musoso: Pueblo congo.
Congo Musukamba: Pueblo congo.
Congo Musulungo: Pueblo congo.
Congo Musundandián: Pueblo congo.
Congo Musunde: Pueblo congo.
Congo Musundia Yanda: Pueblo congo.
Congo Nangú: Pueblo congo.
Congo Nbungue: Pueblo congo.
Congo Nduela: Pueblo congo.
Congo Ngola: Pueblo congo.
Congo Nikima: Pueblo congo.
Congo Nsola: Pueblo congo.
Congo Nsundi: Pueblo congo.
Congo Ntótila: Pueblo congo.
Congo Ñongobá: Pueblo congo.

Congo Pongué: Pueblo congo.
Congo Sualún: Pueblo congo."Eran negros de la costa, se suicidaban o se hacían cimarrones. No vinieron más por eso».
Congo Tótera o Ntótera: Pueblo congo.
Congué: Campana doble.

D

Dalán kuame: Llorando.
Dalán kuamí: Llorando.
Datura: Campana.
De Loango: Camino de Angola.
Demba: Bandera.
Demeyao: Terminó, se acabó.
Demi asene bambollá: Dame la mano.
Dengué: Sábado.
Deóndoko: Galán de noche (planta).
Deuki: Agracejo.
Día kuaku Mbumba: La Mbumba come.
Dia yole: Peso plata.
Diafume: Tocororo.
Dialamenso: Ignorar, no saber.
Diamán sosi: Canistel.
Diamba: Tabaco.
Diambo: Daño. Espíritu malo, duende.
Diambula: Jagua.
Diamputo: Ajo.
Dián kisi: Clavícula.
Dián dián: Basura.
Dianfume: Tocororo.
Diansila: Lagartija.
Diansiya: Lagartija.
Diansola: Nombre propio de mujer.
Diansona: Domingo.

¡Diata!: ¡Vete! ¡Lárgate!
Diata: Estar. Soledad.
Diata Munanseke: Animal muerto.
Diata munansó: Estar en casa.
Diba: Harina.
Dibamba: Espíritu.
Diboa: Romper.
Dibuddi: San Lázaro.
Dibuti: Santo congo, mpungu equivalente al dios Ogún.
Didiré: Caimitillo.
Dienso: Puerto.
Difué: Hoja.
Digansa mensu: Ojos, cerrar los ojos al morir.
Digansuá solentuá, tikantiká:: Bendición, la pido a los pies de la Madrina.
Digasa mensu: Muerto, estar muerto, «con los ojos cerrados».
Diguatano dinwa puán buán: Un peso y cuarenta centavos.
Dikanga di nso: Terreno que rodea la casa.
Dikaye kuri layame: Con lo que hablo no ofendo a nadie.
Dikolombo lodidiángo: Doce de la noche.
Dikolombo dikuama: Amanecer.
Dikuenda: Pies.
Dikumbi diatunda: Sol en el zenit, «cuando el sol está arriba».
Dila muno: Madrina.
Dilanga: Resguardo, amuleto, «Prenda».
Dilango: Plato.
Dilangondo: Patatas.
Dilanso: Pañuelo.
Dileso: Pañuelo.
Dilikuamé: Comer.
Dilonga: Plato.
Dilu: Cuatro esquinas.
Dimba: Mujer. Quimbombó.
Dimbo: Retrato. Dulce. Miel.
Dimbo kafuta: Melado.

Dimbo musenga: Melado de caña.
Dimbokofuta: Bandera.
Dimbré: Bandera.
Dimbu: Bandera.
Dimeme: Carnero.
Dinga nguei: «Hable usted».
Dinga: Palabra.
Dinganga: Espíritu (que vive en el monte).
Dingansuá: Bendición.
Dinwá yolé: Veinte.
Dinwán nina: Un peso y noventa centavos.
Dinwatano: Un peso y noventa centavos.
Dioké: Artemisa.
Direso: Pañuelo.
Disa: Cardón.
Disanga: Jarro.
Disi: Humo.
Disota: Bejuco guaraná.
Disungo: Agujero.
Ditutu: Sabana, llanura.
Doiyákulo: Todas.
Doki: Diablo, espíritu malo.
Dongá buichi guria mbembo karabalí wuá koma terewa kongo insambagui: El congo decía al karabalí: «No sabes nada».
Donso: Gracias.
Donsoko: Palo Moruro.
Dosango: Caña brava.
Duá: Tocororo.
Duala: Para.
Duambo: Algodón.
Duanje: Astronomia (planta).
Dudun gonfiala: Ajo.
Duelo: Tambor.
Duilando: Abrir.
Duke: Buscar.

Dukora: Bejuco chamico.
Dumba pikanana: Mujer mala.
Dumbe: Ají de China.
Dumbo mankaro silán bele: Tren, camino de hierro.
Dundalonda: Justicia.
Dundalonga: Justicia.
Dundesigé: Salud.
Dundo monantoto: Bibijagua para brujería.
Dundu: Espíritu, ánima, sombra. Albino."Angel».
Dundu mayiyi: Muñecos de palo y atados.
Dundu mbaka: Amén Jesús.
Dundu mbe: Dueño.
Dungo: Pimienta. Ají guaguao. Madre. Martillo.
Dúngua: Ají agujeta.
Dunwa: Ají guaguao.
Duo: Tocororo.
Duré: Caguaso.

E

E tu tu: Nosotros.
¿Efu buma kumasien Kongo?: ¿Qué pasa en Africa?
Efuá: Cuatro.
Egando: Calabaza.
Eguinsé: Almendra.
Ekeni: Piñón Botijo.
Ekomba: Chivo.
Elembo amoko: Manos.
Eliyilo: Nariz.
Eloso: Arroz.
Elú mueno: Almironcillo.
Elúfamá: Llamando al Diablo.
Elufé: Mondongo.
Eluketo: Cintura.
Emabenga: Mango.
Emolo: Manos.
Enai buburú buburú tende tendelá Babá sikirimboa kibundo kinunje nují wiri ngüirí funda afundá ntutu afundán tutu kubángula abangú bangula alinché ambronchó ambroncho Mario kuma amisí brombó Tata Ngula lamusengue sengue a kara akará kara meñe limeñe ban bronsio Mario kuma amisi brombó Tata ngula lamusengue sengue a kara akará kara meñe limeñe Ban bronsio Mario kuma marioko mamisi nkuenda tumalá meñe. Iée Sindaula ndundu yambaka yimbulanda: Rezo para saludar y llamar a los Santos (a Sindaula).

Enaí ené buburú ténde ababá ababá chirimboa kibundo kinunsi nunjinguirí inguirí funda afundán tutu tutu kumbángula libangún bángula alinché banboncho ami simborombó tata angula amusengue akará akará méñe limeñe bambocho: Rezo para una Nganga.
Enantó insuso: Mujer de porquería.
Eninwandó: Calaguala.
Eñen gure kuto ndale koañongo ndale: Tambor, Repique de.
Esa nkaku: Pimienta de Guinea.
Esakukaku: Pimienta.
Esé ntele tí barayé inú: Mi andar lo envidia la gente.
Eserikika: Santo de los gangá.
Esi: Cuaba blanca.
Esola: Una de las etnias del Congo.
Etía: Carbón.
Etótila: Ají dulce.
Etún: Bejuco leñatero.
¿Eyenklá?: ¿Es usted casado?

F

Fabingo: Mandarria.
Fama, Fame: Mujer.
Fambo: Toma.
Fanda: Faja.
Farayé: Ciempiés.
Fasi tombole: Venado.
Fatibeli: Jurar la Nganga (tomar juramento al neófito en Regla de Congos).
Fatibemba: Fumar.
Fei: Agapanto.
Feín: Candelilla.
Fembe: Nalgas.
Fenda: Señora y ama. Virgen María.
Fendindé: Flecha.
Fendingondé: Azogue.
Feremelí: Ven acá.
Feria: Manteca.
Fetu: Cualquiera.
Feya: Palo Cocuyo.
Fiala: Cebolla.
Fialán Gondo: Ajo.
Fifita oyongo: Fornicar. Copular.
Fikaya: Hormiga brava.
Fikó: Arabo rojo.
Filangui: Malcriado.
Finanké: Guao.

Finda: Monte.
Finda machafio: Arboleda de árboles frutales.
Findantoto: Cementerio.
Fínpita: Coito.
Fiomaboto oto banka: Gobernador.
¡Fioke!: ¡No me importa!
Fiongo: Yunque.
Fiota: Policía.
Fioteke: Carbón.
Fioteke matari: Carbón de piedra.
Fioteke nkunia: Carbón de palo.
Firali: Loco.
Fisenga: Cetro del Mfumo o Padre Nganga.
Fititi Nkangriso: Flor de mariposa.
Fonsoi: Bejuco marrullero.
Forón: Ropa.
Fótila: Ají.
¡Fú! ¡Nfuá!: Podrido, malo, inservible.
Fua: El número nueve (9).
Fuá fuá nsambi: Muertos de lepra.
Fuá ka fuá: Fantasma, desaparecido.
¡Fuá kuako!: Muérete.
Fuá munumato: Oído mío malo.
Fuá nso: Funeraria.
Fuáfuanga: Morir, todos tenemos que morir.
Fuali: Loco.
Fuamato: Sordo. (lit., oído malo).
Fuambata: Justicia (La Autoridad).
¿Fuamenso?: ¿Por qué?
Fuán: Nariz.
Fuanda: Siéntate.
Fuanga: Barreta.
Fuanto: Sordo. (lit., oído malo).
Fuanyaya: Mosca.
Fuase: Valla.

Fuati: Loco.
Fuayaya: Suceso, acontecimiento.
Fuekame munantoto: Hincarse en la tierra.
Fugwé: Abrojo amarillo.
Fuidi nkanda: Muerto en la tumba.
Fuila: Hormiga brava.
Füiri: Espíritus que actúan en las Ngangas y maneja el Padre Nganga. Muerto.
Fuiri dia kanda: Callar lo que se ve.
Fuiri kame: Murió.
Fuiri kangaña likanani: Animal muerto.
Fuka: Calentura.
Fukama: Arrodíllate.
Fuki: Almagre o polvo de color.
Fuko: Saco. Jicotea.
Fukuta: Dame, te doy.
Fula: Pólvora.
Fula botán kando: Enojarse.
Fula inoka: Tempestad.
Fulainioko: Relámpago.
Fulamensu: Frente.
Fulú: Jicotea.
Fuma: Ceiba.
Fumabata: Mayor General, Jefe.
Fumanchú: Rey.
Fumanda Kimpeso: Piedra imán.
Fumandánda kin peso: Nombre de Nganga.
Fumanguame: Cuerpo.
Fumankano: Gato.
Fumanwamu: Vientre.
Fumasi: Palo Cochino. Palo Verraco.
Fumbé: Jutía blanca.
Fumbi: Espíritus que actúan en las Ngangas y maneja el Padre Nganga. Muerto.
Fumbie: Hermano.

Fumbo: Botella. Silla.
Fumo: Obispo. Jefe, Amo, el Mayor de la Regla.
Fumú: Sortija.
Fumuampi: Rey.
Funda: Pedo.
Fundiankane: Gato.
Fúngo mafuka: Lechuza.
Fungo: Taburete.
Funsé: Cucaracha.
Fúombo: Nariz.
Furi: Sembrar.
Furintoto: Sembrar.
Furio: Jicotea.
Futeno: Pagar.
Futu kuankala: Jícara.

G

Gako: Comer.
Galu: Cesta.
Gando: Justicia, policía.
Gando muelando: Mayordomo de Nganga.
Gando munadansa: Cocodrilo.
Gandó: Firma o trazo mágico que hacen los congos en el suelo.
Ganga nsúmba: Santo, mpungu de los congos portugueses.
Ganga buka: Curandero.
Ganga Kimbisa: Prenda.
Ganga Manga: Mayordomo o el que está facultado para reemplazar al Taita Nganga.
Gangá: Una de las etnias del Congo.
Ganga: Muerto, «Prenda» o cazuela habitáculo de un espíritu. Canto. Ver «Canto» en sección Español-Congo.
Gangabuka: Médico.
Gangalanfula: Güiro mágico y espíritu dueño de la vegetación, como el orisha Osain de los lucumí.
Gangán gumbo: Dueño, Señor.
Gangangame: Médico.
Gangangó: Bautizo.
Gangangombo: Curandero.
Gangángome: Procrear, multiplicarse las crías.
Gangangula: Médico.
Gangantare: Curandero. Médico.
Gangas kinkindidi: Espíritus que actúan en las Ngangas y maneja el Padre Nganga.

Gango: Nudo.
Gangondo: Caimán.
Ganguí: Campanilla de mano.
Gánkua: Malanga.
Gasi: Corojo.
Gibaniya: Ajonjolí.
Glusiake: Gavilán.
Go: Silencio.
Godia bángara: Septiembre.
Godiá mamba: Tiempo de agua.
Gogánti gogantí: Todos son iguales.
Gola: Pez. Anguila.
Golandose: Pez chico.
Golayanga: Macho.
Golo: Fuerza.
Gomá putu: Tambor. Tocar tambor.
Gombe: Buey. Médium, «criado de Nganga».
Gon: Sí, afirmación.
Gonda dariyaya: Licencia, permiso, con la venia de.
Gonda: Luna.
Gonde Ambángara: Octubre.
Gondei: Quimbombó.
Gondi: Bien, está bien.
Gondomakayira: Guerra.
Gondubiola: Sinsonte.
Gonga munan blanki: Mano con seis dedos.
Gongoame: No.
Gongolé: Hablar.
Góngolo: Mancaperro.
Góngolo, Góngoro: Ciempiés.
Gongorotina: Agua de mar.
Gongoya: Fiera (un tigre).
Gono gone: Frailecillo (pájaro).
Gorowayo: Yarey.
Goudei: Quimbombó.

Grenguerengué kunansieto: Jobo.
Guabinda: Nadar.
Guadi Mamba Ngudi Masa: Espíritu que vive en una laguna o un río.
Guafákulo: Cojo.
Guafákulu: Muleta; cojo.
Güai: Gato.
Guaki: Hoy.
Guala Nfumo: Bastón o cetro de Nfumo o Padre Nganga Mayor.
Gualada: Hombre.
Gualuki: Saber.
Guame: Mal, maldad, malo.
Guana nfulo: Sirviente.
Guanda: Siéntate.
Guandi: Madre. Frijol gandul (gandúa en Pinar del Río), frijoles.
Guandi bafuita: Madre negra.
Guandi Mamba: Madre de Agua.
Guandián: Plumas.
Guandin: Hijas.
Guandu mayonda lele: Frijoles colorados.
Guangangulo: Verraco.
Guangansila: Pantorrilla.
Guangantete: Freír.
Guánguao: Albahaca de clavo.
Guaní: Pajarilla.
Guanika: Guanábana.
Guánkila: Trueno.
Guansi: Antebrazo.
Guao: Sí, afirmación.
Guarató nketete mobele: Quiebra Hacha, planta.
Guatekamá: Jorobado.
Guatoko: Chiquillo.
Guatukán: Cura, sacerdote, Santo.
Guba: Maní.
Guenbenben: Trincha.

Guengé: Jobo.
Guengo: Guataca, azadón.
Guengue: Bruja.
Guénwuá: Bibijagüero.
Gueyaye: Licencia.
Güeye kuenda: Me he casado.
Güika: Dedo.
Guimbo: Cachimba.
Guincho: Cazuela.
Guindoki: Brujería (de la peor).
Guiní: Guinea por África.
Guinyé: Bejuco sabanero.
Guio kila: Ferrocarril. Locomotora.
Güiri mambo: Oye el canto.
Güiri kanda gaonani inkongo abankanga abankanangó: Congo mata gato debajo de la ceiba.
Güirimiko: Gato.
Guisá: Callar. Mirar, mira. Escúchame.
Guisá kusone: Bailar, a bailar.
Guisa munanuá: Callar, ¡cállate la boca!.
Guisambo: Mosca.
Guiséngueré: Cuchara. «Cuchara blanca que brilla como oro».
Gulo, Gulu: Cerdo.
Gumá: Yerba de Guinea.
Gumbobiolo: Rey y Señor.
Gunbán: Maní.
Gundo: Ceiba.
Gunga, Gungo: Araña.
Gungafuto: Música.
Gungo: Aretes.
Gungu putu: Campanilla de plata.
Guriako: Uno de los tres reyes africanos. (Los otros dos: **Totele** y **Makatenda**).
Gurú: Jicotea.
Gurunfinda: Güiro que prepara el Ngangulero.

Gusiako: Gavilán.
Guslende: Aguardiente.

I

I' Malembe Mpolo yakara malembe moana nketto kaise nguei munukiá munu malembe: Rezo para despedir al Espíritu que ha tomado posesión del Taita Nganga.
Ibí dodó omadó ibi tete omaté: Por eso donde ellos no quieren que pise, voy a pisar.
Idia: Comer.
Ié... kongo di Mumboma, Babundo, Mbando, Bakuponde, Chapato: Canto, mambo diciendo nombres de tribus.
Ieka: Compañero.
Ifumo: El número cinco (5).
Igana: Cobrar.
¡Imana!: ¡Alto! ¡Póngase de pie!
Imba: Cabo de hacha, planta.
Imbángala: Tratamiento que equivale al de señor.
Imbeye: Palo Mulato.
Imbo: Espuela de Caballero (planta).
Imboan gonguré mbo angóngure: El perro vomita si come más.
Imburi: Terminó, se acabó.
Imoyo: Hígado.
Impenso kilanga: Equivalente a la diosa yoruba Oyá.
Impenso kilangua: Ventarrón.
Impenso siantoko: Viento, Cuatro Vientos.
Impenso siantoko pamboansila: Los Cuatro Vientos de la Encrucijada.
Impinso: Viento (El).

Impumbulo: Brujo malvado, criminal.
Inbadi: Compañero.
Inchete: Pelos, todos los pelos.
Indiambo: Espíritu, duende, maleficio. Sirve para llagar y envenenar. Ciega a un enemigo.
¡Inga!: ¡Claro que sí!
Ingangola tá costá nganga; ingangola tá crecé: Se cree que el pelo le crece a los muertos: razón de este dicho.
Ingo: Aguardiente.
Ingoma kokero bobole ngoma: Se decía al principio de una fiesta (Véase «Tambor» en la sección Español-Congo).
Ingua malafo: Aguardiente, beberlo.
Ingui: Mucho.
Inkako Kibulo: Ají cachucha.
Inkako Kindungo: Ají chileno.
Inkako Mengua: Ají dulce.
Inkangrisó: Gusano de tierra.
Inkenweré: Cucaracha.
Inkenwere munansó: Cucaracha de la casa.
Inkiria: Armario.
Inkiso kiansuke: Cachimba.
Inkita: Cuaba.
Inkita kuama: Guamá.
Inkuako: Mano.
Inona: El número ocho (8).
Insala: Uña.
Insalánsila: Apresúrese.
Insamba ntala: Mellizos en Regla de Palo.
Insan: Elefante.
Insefe: Pelo.
Insefe kiwikirikiá: Pelo cortado.
Insegua: Chinche.
Inseke: Sabana, llanura.
Insengue: Guataca, azadón.
Inso: Siguaraya.

Insuesi: Pelos.
Insukrí: Pelos.
Iñá: Nuestra Señora de las Mercedes.
Iña Ñabba, Iñáñaba: Las Mercedes. Divinidad equivalente a Obatalá- de los lucumí-.
Isá: Trance. Estar en estado de trance. Salió.
Isa: Subir, levantar.
Isabami: El número seis (6).
Isabure, Isubuare: Siete.
Ise: Cocinar.
Itama: Cara.
Itatu: El número tres (3).
Iya: El número cuatro (4).
Iyana: Cayumbo; planta que tiene grandes virtudes.
Iyandi Yanano: Mosca verde o cantárida.
Iyén: Ortiguilla.

J

Jimbúa: Perros.
Jipuko: Ratón de casa.
Juro Mbele: (Se dice a) la navaja con que se le corta en la piel del neófito las cruces del juramento.
Juro Nganga: Juramento al Fundamento o Prenda.
Juro Ntoto: Juro «a la tierra» (en la iniciación).
Juro Sambia: «Juro a Dios"; lo que se le dice al neófito en el rito de iniciación.

K

¿Ka lumbo?: ¿Qué día?
Kabalonga: Casa «Honda"; la tumba, el cementerio.
Kabanchielo: Esconder, esconderse.
Kabanga tengue yaya: San Antonio.
Kabansiero: Esconder, esconderse.
Kabí: Venado.
Kabinda: Una de las etnias del Congo. Palo Tengue (planta).
Kabo angasi: Parir.
Kabulalaso: Soga.
Kabulalaso busá tato miengue: Tendedera para secar la ropa.
Kabulonga: Cementerio.
Kabunga: Resguardo, amuleto, «Prenda».
Kabungo: Cotorra. Amuleto.
Kabungo yayé: Buenas noches.
Kabusa: Cruz.
Kachanga (Aradyá): Diablo.
Kachika: Diablo.
Kadiampembe: El Diablo.
Kafimba: Cachimba.
Kaguako: Sí, bien.
Kai: Mulato.
Kairemo: Cangrejo.
Kajatu: Muchachita.
Kakafuá: Murió.
Kakongo: Río.
Kakuelako: Bien de salud.

Kakuisa: Volar.
Kakunda: Araña.
Kala: Cangrejo.
Kalafunga: Andar, ir de prisa.
Kaleka: Dormir bien.
Kaleleko: No dormí.
Kalú: Cuchara.
Kalubango: Cazuela.
Kaluko: Pavo Real.
Kalulu: Mellizos, «jimaguas».
¿Kalumbo ka?: ¿Qué día es hoy?
Kalunda: Pueblo del Congo.
Kalunga: Mar, misterio. Muerte, esqueleto como personificación de la muerte.
Kalunga koko nene: Mar bravía.
Kalunga madiada: Junco marino.
Kalungo: Noche.
Kaluso: Cruz.
Kamatoto: Pozo.
Kamatuya: Perejil.
Kamatuya ídia: Cocinar.
Kamba: Escoba.
Kamba anyeta: Escoba de palma de corojo.
Kambaka: Una de las etnias del Congo.
Kambo: Chivo.
Kambon fila: Cementerio.
Kambon finda: Cementerio.
Kambón sila: Cementerio.
Kampo simba: Cementerio.
¡Kana!: ¡No me da la gana!
Kanaba, Kanabán: Ciego.
Kanda: Familia.
Kanda: Ceiba. Pellejo. Papel y corteza de árbol. Bandera.
Kandasimbo: Dinero llama dinero.
Kande: Mano de plátano.

Kandián: Coco.
Kandilonga sambila: Llorar.
Kando: Zapato negro.
Kando meankereso: Zapato amarillo.
Kanga bembo: Sortija.
Kanga: Amarrar, ligadura mágica.
Kanga makondo: Plátano (Racimo de).
Kanga mundele: Amarrar a los blancos (idealmente).
Kangalán munu fua lombe yaya: Tragedia. «Siempre hay tragedia en el Cabildo donde voy».
Kangamamalo: Zapato puesto.
Kángana bukanani: Animal muerto.
Kango Nfuko: Noche.
Kangoma: Mosquito.
Kangre: Amuleto.
Kangré: Amarrar, ligar.
Kangri: Amarrar, ligar.
Kangri masango: Amarre, ligadura hecha con hoja de maíz.
Kangu: Tela.
Kanguame: Huesos.
Kani kialolondán Keando: Superior, excelente.
Kanka: Confusión, lío.
Kano mputo: Coco.
Kanoamumalo: Zapatos.
Kansesa: Casa.
Kansiguirí fiongo: Calor, hace mucho calor.
Kansiguisirí: Calor en exceso.
Kansimununu mukansike nguei: Toma y daca; tú me das, yo te doy.
¿Kañuke tujari?: ¿Qué hay? ¿Qué pasa?
Karabalí kubrí kuame isayako kinyenye: La esclavitud se acabó; ¡Todos somos iguales!
Karakambuta: Brujería.
Karakanbuka: Brujería.
Karibonde: Pedorrear.

Kario: Caracol.
Karire: Diablo.
Karondo: Palmiche.
Kasa: Habichuelas. Moruro.
Kasá: Café.
Kasa kabango: Cotorra.
Kasaibán: Cotorra.
Kasako mambe: No tengo.
Kasimba: Cueva.
Kasimba yére yére kasimbángon: «Ahora tá muéto».
Kasimbán: Palo Cuaba.
Kasimbo: Cueva.
Kasiro: Araña.
Kasiwa: Mujer.
Kasuako: Rincón.
Kata: Grito, gritar.
Kata kata: Grito, gritar. Enfermo, «estar matungo». Ruido estridente.
Katekán kanda bansa kunanbansa: Escribir una carta para La Habana.
Katijondo: Pueblo del Congo.
Katiká kongo locri yaya: Congo curro. Soy un congo muy curro.
Katikán kanda: Papel de escribir.
Katikanpolo munantoto: Firma o signo que traza en el suelo el gangulero con yeso. Firmar.
Katiké katiké: Poco a poco.
Katiku basandi bángala bo yo: Mujer, yo la quiero y por eso la saludo.
Katukemba: Muerto. Espíritus.
¡Kawako matoko!: Cállese, que voy a hablar.
Kawama: Sombrero.
Kawandi talán sosi: Nasa para pescar.
Kawanwako: Palo Paramí.
Kawuandi: Canasta.
Kawuanko: Ayudar.

¿Ke kiuma?: ¿Qué cosa?
Kebula: Labor.
Kedansala: Ven acá.
Kela: Negro, color negro, negrura. Escopeta.
Kelembo: Brujería.
Kemá tenda: Quien más puede.
¿Kemambo?: ¿Qué dice?
Kembo: Murciélago.
Ken kimbo sitato: Salario, lo que se gana.
Kendeke: Tambor. Toque o repique de tambor yuca.
Kendiyá maso matoko: Persona que quiere hacer sola muchas cosas.
¿Kensi watuka kilumbo?: ¿De dónde vienes?
Kento kuako dila munu: Madre. Madrina.
Kento tika tika Nkisi: Madrina.
¿Kento yakala yandé?: Saludo: ¿Cómo está su mujer?
Kere Benda: Espina.
Kesi: Tijera.
Ketudia: Vamos.
Ketudia idia: Vamos a beber.
Ketudia kuenda: Vamos a caminar.
Ketudián gako: Vamos a comer.
Kewa: Mono.
Kewán: Mono.
¿Ki kalumbo?: ¿Qué día?
Ki nani mbonga kunantoto: Vino un niño a la tierra.
Kiako guako kiako: Caminar de prisa.
Kiako: Caminar.
Kiako kiako: Poco a poco.
Kiaku kiaku kiángana kiángana: Caminar despacio.
Kiala: Uña.
Kiamboba: Vieja.
Kiambote: Bien.
Kiamene: Caminar.
Kiandon kubo: Mecedora.

Kiandongondo: León.
Kiángan kiángana: Paso a paso.
Kiángana: Limón.
Kiankián: Naranja.
Kiasimba Kiamasa: Virgen de Regla.
Kibe: Rata.
Kiboba: Vieja.
Kibube: Virgen de la Caridad del Cobre.
Kibula: Virgen de la Caridad del Cobre.
Kibumo: Barriga. «Así le llamaban a las botijas en que se guardaban monedas».
Kibundo: Silla. Diablo.
Kibure: Virgen de Regla.
Kienbomba: Vieja.
Kierolo Ngudia nguanga kirido ntan ntangue yere bakuele pembe wako yaya bakude dundun noke ntende: «Tambor, aprieta la mano que el sol se va».
Kikama: Alzar, levantar.
Kike: Practicar los ritos los miembros de una corporación religiosa.
Kikenda: Tristeza.
Kikiele kukiela: Amanece ya.
Kikiri mensu: Ojo, las niñas de los ojos.
Kilán soka: Cocodrilo.
Kilemba: Brujería.
Kilembo: Sepulturero.
Kili: Mire.
Kiló: Donde.
¿Kilo mudiata nkutu munansó?: ¿Dónde está la cocina de tu casa?
Kilongo: Espíritu, divinidad -Mpungu- de los Vientos.
Kilumbo: Donde. ¿Dónde vas?. Espíritu, brujería. Todos los días. Palo Todos los Días (planta).
Kima: Mono.
Kimango: Lucero de la tarde.
Kimba: Iniciación o «juramento».

Kimbamba: Lejos, lugar alejado. Majá, «Santo que es como un majá».
Kimbansa: Yerba pata de gallina.
Kimbembo: Pleito.
Kimbisa: Prenda, amuleto de palo y tierra.
Kímbisi Kínsese Kingrama lére Kin Kangandiambo diambo malongo Kikangandiambo Kesese insimsán gerey Diambo Kínpolo impolo nani lo Mayombero la buena noche, la buena noche Mamá Lola, Sarabanda (si lo tiene) Ke el viejo Elegua me da licencia pa que yo bobe con fumbi ndoki Kunputo mani (Así se bautizan): Canto, para bautizo de Ganga.
Kimbo: Iniciación o «juramento».
¿Kimboke?: ¿Qué cosa?; ¿Se fue?; ¿Se fueron?
Kimbolo: Pez de río.
Kimbomba: Cosa del otro mundo.
¿Kimboke?: ¿Qué cosa?; ¿Se fue?; ¿Se fueron?
¡Kimbomba! ¡Imbamba!: Dicho a los negros mayomberos: «Santo congo no son santo bobo, no."
Kimbuelo: Carreta.
Kimbumbi: Codorniz.
Kimbundo: Espíritu, «Prenda que se hace con pájaros y se guarda en güiro y habla».
Kimbungo: Gato.
Kimbúngula: Collar. Nombre de una Nganga -o de un collar-; así se llama también a los vientos.
Kimenga: Sangre.
Kimoyo: Hígado.
Kimpa: Brujería. Envidia. Magia.
Kimpala: Envidia: «La brujería mala vive de la envidia».
Kimpalu: Envidia.
Kimpase: Moruro.
Kimpumbu: Sinvergüenza, malvado.
Kimpungo mi welelé Sambiampungo: Rama, cetro.

Kimpungo niwelele Sambianpungo: Cetro (forrado con kimbisa -grama-, conductor del Espíritu).
Kimpúngulo: Animal parecido al oso.
Kimpúngulu: Todos los santos.
Kimputo: Cuba.
Kina: Armario.
Kina kiaku: Bailar, a bailar.
Kina kuame: Bailar, a bailar.
Kinakín Sambia: Desamparado estoy, protéjeme Dios.
Kinako: Cementerio.
¿Kinani?: ¿Qué? ¿Cuál?
¿Kinani kimbi?: ¿Cómo se llama?
¿Kinani simbo sitan guei?: ¿Cuánto dinero ganas?
Kinaningó: Tigre.
Kindamba Kiá Kusaka: Espíritu de hombre que cura, o lo que cura.
Kindamba (Kindambazo): Brujería. Ver «Brujería» en sección Español-Congo.
Kindamba kuseka: Adivino.
Kindiambo: Nombre de Nganga judía «para hacer daño».
¿Kindiambo?: ¿Qué hay? ¿Qué pasa?
Kindín: Pensamiento.
Kindo: Resguardo (Nombre de).
Kindoki: Brujería (de la peor). Espíritu.
Kineno: Resguardo, amuleto, «Prenda».
Kinfuto: Cuba.
Kinganga: Ganancia, «derechos del Taita Nganga».
Kingoma: Tambor chico.
Kini: Muñecos de palo que cumplían las órdenes del brujo y mataban a los niños. Ver «muñecos de palo» en la sección Español-Congo.

Mari Wanga: Mpungu congo asociado con Oyá, la Virgen de la Candelaria. «Come» gallina.
Kinioka: Culebra.

Kiniomi: Hormiga.
Kinkindikí: Fantasma, espíritu.
Kinkolo: Colmena, abeja.
Kinkué: Bayoneta.
Kinpungulu: Santos (Todos los Santos).
Kintoala Nfuma: Brujo muy viejo. «El que se sienta a oír». La autoridad.
Kintoala Nfumo: Sacedote, el Padre Nganga, el de mayor autoridad, el más viejo, el que «se sienta a oír».
Kintoala Nkisa: Sacerdote, Padre Nganga.
Kintoala Nkisi: Brujo, Padre Nganga.
Kinubembo: Pleito.
Kinwaka: Señorita, doncella.
Kinwanga: Gavilán.
Kinwembo: Gavilán.
Kinyángala: Activo, que trabaja bien, con brío.
Kinyanya: Trapiche, trapiche congo.
Kiose: Frío.
Kipela: Mucha gente.
Kirano: Iniciado, «jurado».
Kirio: Cuidado.
Kisenga, Kisengara: Cetro del Mfumo o Padre Nganga.
Kisenguere: Tibia forrada con un género negro y hojas de laurel y grama que empuña el Taita Nganga para invocar al espíritu.
Kisiá lembo: Antebrazo.
Kisia mungua: Sal.
Kisiambolo: Palo Cambia Camino. Cambia Voz (bejuco).
Kisimba: Madre Agua: Espíritu que vive en la laguna.
Kisimbi: Madre Agua: Espíritu que vive en la laguna. Espíritu de agua.
Kisimbi Kiamasa: Madre Agua (Mpungu equivalente al Orisha Yemayá)
Kisimbia kimasa: Espíritu, «Padre del Agua».
Kisingokia Ngola: Fiesta.

Kisinguere: Cetro (consiste en una tibia humana). Ver «cetro» en sección Español-Congo.
Kiso: Caldero.
Kisoko: Edad (La).
Kisomba kiá Ngongo: Fiesta de congos.
Kisomba kiá Ngola: Fiesta de los congos Ngola.
Kisombiakia: Fiesta.
Kisona: Yerba de calentura.
Kisumbo: Sombrero.
Kita likiame: Fragua.
Kitán kitán: Santo grande (fuerza o energía espiritual poderosa).
Kiteka: Brujería.
Kitembo: Torbellino.
Kitembo kitembo: Temporal.
Kitembo tembo: Torbellino.
Kitembo tembo sakringongo ñunga ñungué: Temporal, el temporal está acabando con el mundo.
Kitembolo Kaki tómbolo wángana motoko: «Tiempo de cacería en cuaresma».
Kitómbolo kaki tómbolo wanga la matókolo: Cazador cazando en tiempo de Cuaresma.
Kitumbo: Todos los días.
Kitutu: Roto.
Kiuncho: Cazuela.
Kiwá: Amén, que así sea.
Kiwaka: Doncella.
Kiwanga: Nombre de Nganga judía «para hacer daño».
Kiwanuka: Pueblo del Congo.
Kiyumba: Cráneo.
Kiyumba wanganchila: Canillas.
Kizumba: Baile, fiesta.
Ko: No.
Koanda: Taburete.
Kobanko: Níspero, zapote.
Kobo: Caballo.

Kofa: Sinvergüenza, malvado.
Kokanso: Río.
Kokati: Pájaro carpintero.
Koko: Cuchillo.
Kokoansa: Río.
Kokolimo: Güira cimarrona.
Kokoyo: Una de las etnias del Congo.
Kokuandi bafiota: Madre negra.
¿Kokuando bonkuele?: ¿Qué le duele?
Kokuantín: Carpintero.
Kola: Cangrejo.
Kolele batamá pímpi: Ajonjolí.
Kolere Kuamo, tondele Kuamo pagiame: Bien, bueno, «Estoy bien, hermano, dame la mano».
Kolere Kueto: Bueno está.
Koloma: Pastar.
Koma kukieri: Aurora.
Komagua: Espigelia.
Komako wiri: Noche.
Komaku wandi: Media noche.
Kombo: Chivo.
Kombo akamba: Huele a chivo. Olor a chivo.
Kombo bío kilanda kuenda neila mbele: Va por camino de hierro.
Kombo bongala: Pantera.
Kombo bongalá: Burro.
Kombo lata labuiri: Caballito del Diablo.
Kombo Saulonga: Camello.
Kombo simba: Mal, maldad, malo.
Kombón sila: Chivo.
Konaku wandi: Tarde, por la tarde.
Konda: Cortar, corta.
Kondo: Resguardo, amuleto, «Prenda». Pan de plátano.
Kongo: Una de las etnias del Congo.
Kongó: Chivo.
Kongo de nótila: Rey del Congo.

Kongo Mbansa: Congo, ciudad. «Como decir la tierra de mis abuelos».
Kóngolo konasula: Arco iris.
Kongoma: Huesos.
Konguako: Amigote. Compadre, comadre.
Kongué: Plantas.
Konimá: Río.
Konkuando bafiota: Negra era mi madre.
Kontoria: Prostituta.
¡Kontoria Wako!: «¡La P. de tu madre!"
Koró: Cascabelillo (planta).
Korogondo: Tomate.
Koromeni: Yaya.
Koronko: Limón.
Koroyo: Palo Malambo.
Koseku: Apasote.
Kosi: León.
Kosinku: Apasote.
Kousún: Árbol de sebo.
Kouyo: Aceitunillo.
¿Krabanta sila kié krabantan sila? ¿Sila luwanda? ¿Sila mumboma? ¿Sila Ngola?: Preguntas que hace el dueño de un nganga cuando traza en el suelo con tiza el signo o firma mágica.
Krabatánsila kié krabatánsila. Sila loanda, sila mumboma, sila Ngole: Se canta cuando se dibuja el trazo mágico para realizar un «trabajo» y preguntar por medio de montoncillos de pólvora (fula).
Krengo: Hacha.
Krikoria temu temu munansulu: Grupo de estrellas en el cielo.
Krikoria: Grupo; aglomeración de personas o cosas.
Kuaba: Maní.
Kuabengame: Bueno.
Kuabilanga: Recoger.
Kuakari: Palo Arriero.

Kuakidila Muna: Uno de los nombres que dan los descendientes de congos a los sacerdotes o Padres Nganga.
Kuako dila: Madre.
Kuakumenu: Enfermedad.
Kualango: Ajo.
Kualona: Daño, maleficio.
Kualu guila: Clave.
Kualukilao: Café.
Kuama nkala: Carabalí.
Kuambe: Bailar, a bailar.
Kuame kuambé: Voy a bailar. Bailar, a bailar.
Kuame: Me marcho. Voy, me voy.
Kuami: Mío
Kuami leka: Voy a dormir.
Kuamo Nganga: El que se inicia en el templo. Yo soy Nganga, «como decir, yo soy espíritu de muerto». Padrino o el Ngangulero que inicia el neófito en un templo congo.
Kuanchá: Siéntate.
Kuanda nsoyi: Sueño, soñar.
Kuandi: Madre.
Kuangá musila lumbo kialoso: Camino largo.
Kuangamá: Vasallos, criados.
Kuanguí: Hoy.
Kuano: Adepto, iniciado. Neófito.
Kuansala: Pájaro Arriero.
Kuanso: Hospital.
Kuao: Vete. Márchate.
Kuasara: Pájaro Arriero.
Kuata: Coge.
Kuba: Dar.
Kubando: Pederasta.
Kubete: Gavilán.
Kubilanga: Fue así.
Kudilonga: Estudiar, aprender, meditar.

Kudiludia mundu: El que manda en el templo. Mayor, «el que manda».
Kuela: Cazar.
Kuenda: Oír. Vete. Partir. Caminar.
Kuenda banguata: Permiso, «con licencia».
Kuenda fanga: Voy a descansar.
Kuenda monan sila: Voy a la calle.
Kuenda suila: Comprar.
Kuenda talampolo lukué kué munu kalunga mpolo: «Ve al mar y tráeme arena».
Kuenda yalendo Sambi wátuka pendoki wáluka Sambiampunga paka dilanga kukián pila diá bakume nto malonga diá. Tula boma yungó tula mensu: Rezo para «santuriarse», persignarse ante los Santos (cazuelas).
Kuendan: Camino.
Kuende: Dame.
Kuendilanga: Andar, andando.
Kuensala: Arriero.
Kuenyé: Palo Cabina.
Kuenyé: Bejuco verraco.
Kufuá: Morir.
Kufundila: Pleito con abogado.
Kui kuifinda: Misterio, monte.
Kuiki Mafinda: Diablo (El). Misterio, monte.
Kuikirikiá: Cortar, corta.
Kuila: Hacer.
Kuilo: Río.
Kuilo fútila: Río.
Kuilo infuri: Río.
Kuilo insari: Río.
Kuilo lukunga: Río.
Kuilo mamba yala lele: Agua «corriendo en el río».
Kuilo mandanda: Río.
Kuilo masa mandombe: «Un río grande de tierra de Congos». Río caudaloso de África.

Kuilo meni meni: Río pequeño, riachuelo.
Kuisa: Vete. Voy, se fue.
Kukako: Poco.
Kukamá: Arrodíllate.
¿Kukendo wo ikela?: ¿Qué le duele?
Kuko: Hoyo.
Kuku: Abuelo. Hoja.
Kukuan pela: Arriero.
Kukuanchala: Arriero.
Kukuasara: Arriero.
Kukuenda: Bueno.
Kukuentola: Curial.
Kulalembo: Campana.
Kulambúmbo: Lucumí, para los congos.
Kuleka: Soñoliento.
Kulu: Viejos, antepasados. Negro.
Kulumasi: Mosca de caballo.
Kulusu: Cuatro vientos.
Kuma: Chapear, chapeado. Ayúa (planta).
Kuma kubié wiriri godiá mamba: Noche de agua.
Kuma kiá Ngola: Fiesta, baile.
Kuma kukiere: Mañana por la mañana.
Kuma kukié godiá mamba: Mañana de agua.
Kumabuire: Madrugada.
Kumakiere: Madrugada.
Kumakukiere: Madrugada.
Kumanbansatali: Tierra del Rey.
Kumanguame yela: Me duele la barriga.
Kumanso: Hospital.
Kumararí: Yerba de Guinea.
Kumba: Ombligo. Candado.
Kumbamba: Infierno.
Kumbansa londe: La Habana.
Kumbe: Barco.
Kumbé: Jutía.

Kumbe kimuise lele: Máquina de coser ropa.
Kumbe makaro ambuata: Carruajes.
Kumbe muna lango: Vapor.
Kumbé munafunda: Jutía.
Kumbe munaisa salanga mpenso: Barco de vela «que trabaja con el viento».
Kumbe munantuya: Locomotora.
Kumbe ¿kinani kumbé?: Jutía, ¿a qué jutía se refiere?
Kumbembé: Camaleón.
Kumbi yanda: Hombre grande.
Kumbia: Malanga.
Kumbini: Jutía.
Kumbré: Llenar.
Kumi: El número diez (10).
Kumi Isabami: El número dieciséis (16).
Kumi Isabuare: El número diecisiete (17).
Kumifuá: Diecinueve (19).
Kuminona: Dieciocho (18).
Kumisabami: Dieciséis (16).
Kumisabuare: Diecisiete (17).
Kumitano: El número quince (15).
Kumiyá: El número catorce (14).
Kumiyate: El número trece (13).
Kumiyato: Trece.
Kumiyole: El número doce (12).
Kumiyose: El número once (11).
Kumpiri kunansieto: Pimienta de Guinea.
Kumulenga: Coco.
Kuna kuan kuna: Sociedad, hermandad.
Kuna kuánkuna: Nombre de una Confraternidad (Véase templo)
Kunabumbo: Lucumí.
Kunabungo: Río.
Kunaganda: Campo.
Kunalumbo: Templo, Sociedad.
Kunambansa: Aquí en La Habana. Ciudad, poblado; La Habana.

Kunanbantatele: Gavilán.
Kunanbasi: Candela.
Kunanchete: Campo.
Kunanfinda: Monte, bosque.
Kunanga: Durante el día.
Kunangongo: Cementerio.
¡Kunankuako!: Insulto: «¡La P. de tu madre!"
Kunansare brikuenda: Hasta luego.
Kunansieto: Allá.
Kunansieto Guánkila: Allá en África.
Kunansó: Iglesia.
Kunansó frimbo: Cementerio.
Kunansó fumbi: Cementerio.
Kunayanda: Campo.
Kunayanga nfita: Bejuco.
Kunayonda: Campo.
Kundia: Café.
Kundu: Prenda, amuleto.
Kunfindo: Monte.
Kunfunda: Enterrar.
Kungako: Andar mal de salud, enfermo.
Kungúfua: Pato.

Kungufuá: Lechuza.
Kuni: Manigua.
Kunia: Espina.
Kunia bulán kane nkunia: Palo Aguedita.
Kunia lembán sao: Ceiba.
Kunie: Palo.
Kunié: Pavo.
Kunsulu kulumoka banantoto banatoto: «Al cielo brinco, lo beso, caigo en la tierra y la beso».
Kunyaya: Trapiche, trapiche congo.
Kusakana: Casamiento.
Kusambulero: Adivino.

Kusanga: Cortar palo. Pertenencia, «lo que es mío».
Kuseka: Durante la noche.
Kusima: Peleando.
Kuso: Cotorra.
Kusuambo: Campana.
Kusun deleka: Inclinarse.
Kuta: Fogón. Amarrar.
Kutamu labambu: Cárcel, estar encarcelado.
Kutenda: Pobrísimo.
Kutende: Pobrísimo.
Kutere akutere akayó mboma longán kisi longa moana: Canto, se canta cuando el Nganga termina de hacer un hechizo, «trabajo».
Kutere akutere akayó Mboma longánguisi yó longa Moana: Brujo; rezo iniciación. (El Mayombero ya acabó su trabajo).
Kuto: Resguardo, amuleto, «Prenda». Recipiente, bolsa, bolsillo. Oír, oye, oreja. Bolsillo, saco.
Kuya, Kuyá: Algarrobo.
Kuyere, Kuyereré: Redondo. «El Diablo Kuyere».

L

Lala: Palma.
Lambe: Cocina.
Lamboamfula: San Francisco.
Lambrilé matoko: Guitarra.
Lamgu: Jabón.
Lango: Agua. Lluvia. Pato de la Florida.
Lango banga: Orinar.
Lango baso: Agua caliente.
Lango faso: Agua caliente.
Lango fula: Mayordomo de Nganga.
Lango Kalunga: Agua de mar.
Lango kama nsulu: Lluvia.
Lango Kamatoto: Agua de pozo.
Lango kanaputo: Agua de coco.
Lango kayamputo: Agua de coco.
Lango kayanaputo: Agua de coco.
Lango kokoansa: Agua de río.
Lango kumansulo: Agua de lluvia (del cielo).
Lango kumantoto: Agua de pozo.
Lango mbumba: Río-caimán, espíritu malo de río.
Lango munanguá: Agua con azúcar.
Lango munungua: Agua de «zumo de caña».
Lango musenga: Agua con azúcar.
Lango Nsambi: Agua bendita de la iglesia o preparada por el brujo.
Lango Sambia: Agua bendita de la iglesia o preparada por el brujo.
Languán: Derretir, derretido.

Langüé: Ateje común.
Languí: Jaboncillo (planta).
Lauriako: Ballena.
Lauriako muna mamba Kalunga: Ballena de agua de mar.
Léka: Dormir.
Léka buó: Duerma bien. Dormir bien.
Léka kuame: Dormir (Voy a).
Léka kune: Ve a dormir.
Lele: Huevos. Lengua. Ropa. Cáscara.
Lele butantoko: Limpio, vestido de limpio.
Lele kunia: Corteza de árbol. (Lit. ropa de árbol).
Lele makate: Pantalón.
Lele masimenga: Cuero, piel del cuerpo.
Lelensuta: Bandera.
Lelepun: Sayas.
Lelu: Hoy, día.
Lemba: Alto, arriba.
Lembe kuangui: El día de hoy.
Lembo: Manos. Brazo. Dedos. **¿Lembo?:** ¿Qué quiere?
Lembo lembo: Misterio, secreto.
Lemo: Fuego.
Lendemo: Lengua.
Lenga: Correr.
Lengonda: Luna.
Libolo: Enano (enano mítico, duende que aparece anochecido por los trillos).
Lilenso: Pañuelo.
Limbawasande: Sábado.
Linweña: Iguana.
Lirié: Árbol de bibijagua.
Llambalala: Llorar muerto.
Loango: Una de las etnias del Congo.
Loasi: Hacha.
Lofualo Sambi: Muerte por la voluntad de Dios.
Lokunto: Estómago.

Lolo: Amarillo.
Lómbalo: Genio o divinidad del mar más fuerte que Kalunga.
Londeí: Almendrillo.
Londénbutúa: Congo Real.
Longa: Plato.
Longo: Casamiento. Matrimonio.
Longuá: Viento.
Longue: Pozo.
Longuisa sádoki chamalongo: Lo que se dice en el cementerio para coger chicherekú (espíritu de niño).
Loso: Arroz.
Lowosi: Zurdo.
Loyú: Embarazada.
Luando: Silla.
Luanga: Artemisilla. Yerba artemisilla.
Luango matande: Arco iris.
Luango natande: Hermafrodita, «hembra y macho».
Lubako: Gavilán.
Lubia: Comer.
Luciolo: Aguja.
Lueka moana: Venir, viene.
Lueka moana lueka: Por ahí viene una persona.
Lufu: Herrero.
Lufuá: Muerte, destrucción, acabamiento.
Lufua Nsambi: Morir.
Lufuá Insambia Punga: Morir por la voluntad de Dios.
Lufué ko: No haya pena.
Lugamba: Cañón indio.
Lugo: Tigre.
Lukabé njeto: Saludo: Buenos días.
Lukala: Río.
Lukamba: Pelo de la cabeza. Tumba, sepultura.
Lukamba nfinda ntoto: Entierro, sepultura.
Lukambo finda ntoto: Tumba en el cementerio.
Lukango: Río.

Lukankansa: Diablo, espíritu malo.
Lukaya: Ministro del Rey.
Lukayo saulembe Lukayo soyanga saulambembo: Mambo que cantaron para destronar al rey y matar a Lukaya.
Lukendo: Paloma rabiche.
Lukuame: Cama.
Lukuekué: Arena.
Lukuta lukuta: Sonido de la fragua.
Lukuto: Estómago.
Lulendo: Orgullo. Mosquito. Tonudo, orgulloso. Bueno.
Lulendo penfialo: Nuevo.
Luli nso: Techo de la casa.
Lulia: Todos, conjunto. Techo.
Luliá nso: Techo de toda la casa.
Lulima: Lengua.
Lúmba: Pared.
Lumbamba: Creer.
Lumbe: Pie (Dedos del pie).
Lumbendo: Machete.
Lumbinto Sambi Guatuka: Poder de Dios.
Lumbo: Todos. Mano. Día
Lumbo keá kengue: Noviembre.
Lumbo kuaki: Hoy, el día de hoy.
Lumbo kuamgui: Hoy, el día de hoy.
Lumbo waki: Día de hoy.
Lumbo wuaki: El día de hoy.
Lumbun: Porvenir.
Lumeno: Espejuelo.
Lumino: Espejo.
Lumueno: Espejo.
Lumuino: Espejo.
Lundá ma: No olvides. No se te olvide.
Lundemo: Lengua.
Luñene: Acariciar, mecer al niño para que se duerma.
Lunga: Ayúa (planta).

Lungafuto: Oro.
Lungambé: Diablo.
Lungan Sambi: Altar.
Lungoa: Garabato, palo en forma de garabato que los ganguleros emplean en sus magias.
Lungonda: Luna.
Lungualá: Vasallos, criados. No se te olvide.
Lungué bukambué botán tambo bariké: Puya, canto de puya.
Lunsa: Sortija. Dolor.
Luri kuenda nso: Volver a casa.
Lurian bansa kariempembe: Infierno.
Lúrie: Regresar, volver.
Lusala koambote: Saludo; Que le vaya bien.
Lusango: Bata.
Lusansa kere bende mpuko: Cerca de zarza y piñón.
Lusansa nkunia: Cerca de madera.
Lusansa selambele: Cerca de alambre.
Luse: Cara.
Lusina: Nombre.
Luto: Cuchara.
Luwanda: Extranjero, «que no es criollo».
Luwé mene: Bichito del río, especie de culebrilla.
Luweña: Gusano.

M

Má Yimbi: Nombre de una Nganga que «come lo mismo que Mama Téngue».
Maba: Palma Real. Corojo.
Maba munanfinda: Palma cana.
Mabambé: Muerto «que trabaja en la cazuela de un conguito viejo, boyero en La Esperanza».
Mabambo: Palo Jurubana.
Mabanga lafuá yaya: Arriero (pájaro).
Mabangansulu: Insignificante.
Mabata: Anciana, anciano, viejísimo.
Mabelé: Pecho.
Mabele moanan kento fula bolán kenda: Senos, «las mujeres se molestan cuando se les tocan los senos».
Mabemba: Hombre.
Mabenga: Totí. Mango.
Mabeya: Nombre de mujer.
Mabianga: Verdad.
Mabife: Memoria.
Mabika: Esclavo. Una de las etnias del Congo.
Mabimbé: Memoria.
Mabimbi: Hinchado.
Mabimbre: Memoria.
Mabín bi: Guao.
Mabire: Ceibón de costa.
Mabise: Memoria.
Mabongo: Plato.

Mabuisa: Pelo.
Mabula: Resguardo, amuleto, «Prenda».
Mabumbo, Mabumbu: Sucio.
Mabumboa: Hombre.
Mabungo: Rezo.
Mabuta: Viejo.
Macagua: Prenda (judía).
Machafio: Fruta.
Machafio kisondo: Fruta bomba, papaya.
Machafio nini bongolé: Mamey de Santo Domingo.
Machafio nini yanga: Mamey colorado.
Machafio nkián kián ntutukuá: Toronja.
Machafio nkián nkián: Naranja agria.
Machafio nkianki mungoma: Naranja de China.
Machafio nsike moana nketo: Papaya.
Machafio suri mambo: Melón de agua.
Machafio suri yanga: Melón de Castilla.
Machucho: Palo Yamao (planta).
Machunto: Copaiba o bálsamo de Guatemala (planta).
Machuso: Álamo.
Madenso: Frijoles negros.
Madiadiá: Caña de azúcar.
Madiadiá gumá: Caña brava.
Madiadiá mingonga: Caña india.
Madiadiá mungua: Caña de azúcar.
Madiadiá nfita: Caña santa.
Madioka: Yuca.
Madioma: Cielo.
Madioma: San Juan.
Madre Nganga: Uno de los nombres que dan los descendientes de congos a los sacerdotes o Padres Nganga.
Maesere: Árbol de la Cera.
Mafuá ñoka: Culebra.
Mafuanga: Lechuza.
Mafuembo: Oscuro.

Mafuka: Aura Tiñosa.
Mafula: Relámpago.
Mafuto: Muñecos de palo «con muerto dentro», o güiro conteniendo un espíritu.
Maganén Fiota: Tinta.
Magate: Pena.
Magonde: Leche.
Maiké: Yerba atipolá.
Majimbo púngu: Palma jimagua.
Majumbo: Mellizos, «jimaguas». Resguardo (Nombre de).
Maka: Fogón.
Makadia: Caña castellana.
Makagua: Canto de puya que se lanzaban las negras en los cortes de caña.
Makaguadia: Canto de puya que se lanzaban las negras en los cortes de caña.
Makasi: Indignación, ira.
Makata: Huevo.
Makate: Pena.
Makatenda: Uno de los tres reyes africanos. (Los otros dos: **Totele** y **Guriako**).
Makato: Huevo.
Makawa: Tambor, toque de tambor yuca antiguo.
Makinda: Nombre propio de mujer.
Mako mole: Veinte.
Makondo: Plátano. Mano de plátanos.
Makondo biekerere: Plátano guineo.
Makondo makolelé: Plátano en sazón.
Makondo makuaba: Plátano maduro.
Makondo mbaka: Plátano enano.
Makondo mingonga: Plátano indio.
Makondo nkento: Plátano hembra.
Makondo yakala: Plátano macho.
Makongué: Calabaza.
Makoria: Estrella.

Makota: Viejos, Taitas.
Makoto: Mando.
Makuá: Una de las etnias del Congo. Prenda muy poderosa de los makuá. Ver «Prenda Makuá» en sección Español-Congo.
Makuansa: Viruelas.
Makuanse ntiti: Viruelas.
Makudimbi: Plata, dinero.
Makuké: Calabaza.
Makulo pemba: Cotorra.
Makumatato: Quince.
Makumole: Catorce.
Makunda: Reina de Cabildo (Nombre de una).
Makundo, Makundu: Aparecido, fantasma. Muerto que sale de la sepultura.
Makuta: Tambor que se tocaba en los Cabildos congos; se empleaba para bailar solamente. Bailaban al compás de la makuta (tambor) hombres y mujeres. Ver «Baile de Makuta» en la sección Español-Congo.
Makuto: Prenda, talismán. Amuleto, «resguardo». Objeto portátil fabricado por el Ngangulero, dotado de fuerza sobrenatural. Saco largo y estrecho de guano tejido en el que se guardaban las brujerías. Por extensión, los amuletos. Nombre de resguardo.
Makuto panga bilongo mayimbe pungo: Nombre de un resguardo o makuto.
Makutu kutu: Oreja.
Makuyé: Doce.
Malabasa: Naranja.
Malafo: Aguardiente.
Malafo bafo: Aguardiente de palma.
Malafo maba: Aguardiente de corojo.
Malafo mabeya: Vino.
Malafo mabinga: Alcohol.
Malafo malongo: Vino congo.
Malafo mampina: Vino seco.
Malafo mamputo: Aguardiente.

Malafo manfuto: Vino tinto.
Malafo masanbo: Bebida de tierra conga.
Malafo masisí: Vino seco.
Malafo matembó: Aguardiente de palma.
Malafo mbafo: Agua de palma.
Malafo mbaso: Vino.
Malafo misanga: Aguardiente de caña.
Malafo nkele: Vino seco.
Malafo sese: Vino dulce.
Malala: Muerte.
Malalá: Naranja.
Malambo Mpeka: Palo Malambo.
Malampe: Calabaza.
Malanda: Tiempo.
Malanda godiá mamba: Tiempo de agua.
Malanfé: Calabaza.
Malanjé: Calabaza.
Malansi: Guano.
Malata: Naranja.
Malembe: Árbol Maboa. Malo. Saludo.
Malembe goganti: Iniciado, «rayado», neófito.
Malembe mpangui: Hermano, ¿cómo estás?
Malembe mpangui: Saludo: ¿Cómo estás, hermano?
Malembe mpolo: Buenos días.
¿Malembe nguei nkolele kasakó?: Saludo: ¿Sigue usted bien, se encuentra bien?
Malembe nyale: Buenas tardes.
Malembe nyale: Saludo; Buenas tardes.
Malembe yaya: Suavecito, despacio.
Malembe yayé: Buenos días.
Malembi: Dormir bien.
Malembo mpolo: Polvo para hechizar.
Malenga: Nombre propio de mujer.
Malengue: Calabaza.
Malingue: Soga.

Malo, Malo mioko: Pies.
Maloasé: Hacha.
Malombo: Buenos días.
Malomuka: Jagüey.
Malón: Cementerio.
Malongo: Arriba, en lo alto. Barbacoa. Plato. Santo, Espíritu, la fuerza sobrenatural que actúa en el caldero. Objeto de adoración.
Malongo Nganga vira vira: Nombre de Nganga. Remolino.
Malongodia: Quiero.
Malorí: Piedra.
Malubambu: Perezoso.
Maluké: Calabaza.
Malumi: Semen.
Malungo: Canoa. Testículos.
Malusa: Barriga.
Mama Choli: Mpungu congo identificado con Ochún, la Virgen de la Caridad del Cobre. «Come» gallina.
Mamá Fumbe: Nombre de una nganga. Los «perros» (médiums) de estas ngangas se arrastran por el suelo.
Mamá Kengue: Nuestra Señora de las Mercedes. Mpungu congo identificado con Obatalá, la Virgen de las Mercedes. «Come» palomas.
Mamá Kumbé: Nombre de bruja de las Islas Canarias.
Mamá Lola: Nombre de una Nganga que «come gallo blanco» y «chivo blanco».
Mama Sambá: Nombre de Nganga.
Mamá Téngue: Nombre de una Nganga que «come gallo, pero que no sea ni blanco ni jabao».
Mamá Umba (de río): Nganga judía, prenda para defenderse contra los brujos.
Mama Yola: Nombre de Nganga.
Mamabo: Zapato.
Mamálusa: Barriga.
Mamba: Agua, laguna.
Mamba Sambi: Agua bendita.

Mamba sukulán Ntoto: Agua «que lava la tierra», llueve.
Mamba yalalele: Corriente de agua.
Mambabisi: Ajiaco.
Mambaya: Tabla.
¡Mambé!: Silencio. Calla. Detente.
Mambi kunafinda: Siembra. Sembrar.
Mambi mambete: Pólvora buena.
Mambi mambi: Brujo, «lo del más allá». Judío, magia. Brujo para cuidar al Padrino, cuando se monta. Padrino.
Mambimonagonu: Conejo.
Mambimono gonu: Liebre, conejo.
Mambo: Canto.
Mambo. Ntotolí tolí ya yé ya yé un: Rezo, canto que acompaña los ritos que practica el Padre Nganga.
Mambote: Buenos días.
Mamboti: Bueno.
Mamboti: Cupido la una (planta).
Mamé: Madre.
Mamputo: Uva. Criollo. Vino tinto.
Manakuto: Mujer pública.
Manalusa: Vientre.
Manan sonyé: Clavo.
Manankoto: Mujer pública. Genitales femeninos.
Manankuto: Órgano sexual femenino.
Manbote: Gracias.
Mandalala: Golondrina.
Mandayota: Diez.
Mandioka: Yuca.
Mandundu: Lombríz.
Manfanina: Leche.
Manfuto: Criollo. Blanco, hombre.
Manga: Palma verde.
Manganene: Invertido.
Maní: Una de las etnias del Congo.
Mani wayala nso: Rey de esta casa.

Mani Kongo: Rey del Congo.
Manimo: Rival.
Maningalá: Pájaro judío.
Mankaró: Carreta, rastra.
Mankaro ambata: Volante (típico carruaje de la época de la colonia).
Mankima nsuso: Huevos.
Mankoma: Plátano.
Manputo: Blanco, hombre.
Mansa: Agua.
Mansimbo: Plata, dinero.
Mansua: Araña peluda.
Manu wiriko: Yo me despierto.
Manungua: Quebrado, relajado, «que tiene canchila».
Maomá: Yerba de Guinea.
Mapiango: Venado.
Mapungo: Cuco.
Maputo: Pájaro Arriero.
Mariase: Yerba de Guinea.
Marikuyé: Casabe.
Marioka: Caña. Yuca.
Maru: Perro.
Masa: Agua.
Masa lamba: Puente.
Masa lamba munansila: Puente sobre el camino.
Masaba: Palo Yúa.
Masama mputu: Maíz.
Masanga: Llanto.
Masangóngo, Masangóngoro: Agua compuesta con mancaperro.
Masanika: Escribir.
Masererí: Soldado.
Masi: Hasta. Manteca.
Masi anyeta: Manteca de corojo.
Masi kuengo: Manteca de cacao.
Masi langua: Manteca derretida.

Masi maba: Manteca de corojo.
Masi mauki: Aceite.
Masika: Noche.
Masikila: Favor.
Masikuila: Tambores.
Másima menga: Columna vertebral.
Masimá menga yarí yarí: Cuerpo enfermo.
Masimán gulo: Manteca de cerdo.
Masimán Sambi: Agua bendita.
Masimene: Hasta mañana.
Masimene mene: Mañana.
Masimenga: Cuerpo.
Masimoba: Manteca de corojo.
Masinsé: Manteca de corojo.
Masiwango: Manteca de cacao.
Masiwila: Tambores.
Maso kuaba: Corazón de paloma.
Maso: Mellizo.
Masoari: Soldado.
Masoko: Patatas.
Masoko: Árbol Gurubana.
Mason bowale: Dieciséis.
Masongo: Maíz.
Masoriale: Policía, soldado.
Masoroso Muinge: Piñón Botijo (planta).
Masosí: Lágrimas.
Masu: Araña peluda.
Masuako: Marido.
Masuko miao: Silencio.
Masurí: Nariz.
Masuru: Nariz.
Matako mandunga: Nalgas.
Matalá: San Lázaro.
Matari, Mataria: Piedra. Ver «piedra» en la sección Español-Congo.

Matari Kalunga: Piedra de Madre Agua.
Matari lángo: Nieve, hielo.
Matari mamba: Granizo.
Matari mambumbúa: Granizo.
Matari Mbela: Piedra de rayo.
Matari mona yilo: Piedra de rayo.
Matari Nsasi: Piedra de rayo.
Matari pemba: Hueso.
Maté: Calabaza.
Matende: Tuya (planta). Cañón.
Matende Mbelí: Revólver.
Matende nsala bongankebe: Cañón disparando.
Matinso: El número once (11).
Matiti: Yerba, Yagruma.
Mato: Palabras, Oreja, Oídos
Matoka kawuando: Contento.
Matoko: Marido. Joven.
Matoko lukaya: Buenos días.
Matoko mandunga: Trasero gordo.
Matombe: Caña brava.
Matomburia Malendoki: Baile de los muertos.
Matuí: Candado.
Matutu: Rata. Bruto. Bata de mujer.
Maume: Huevo.
Mayaka: Yuca.
Mayenda: Azafrán.
Mayene: Pechos, senos
Mayene moanán kento: Senos de la mujer.
Mayimbe: Aura Tiñosa.
Mayombe: Una de las etnias del Congo. Región del Congo. El hechicero de tradición conga. Nombre que se le da a la Regla que se conoce también con el nombre de Palo Monte.
Mayombero: Brujo.
Mayumba: Brujería. Una de las etnias del Congo.
Mbadi: Amado, en sentido de amistad y fraternidad.

Mbaka: Tarro. Embarcadero (En África). Una de las etnias del Congo.
Mbaka tié tié: Invocación «al infinito para enviar un mensaje al cielo con un pajarito (tié, tié), que vuela muy alto».
Mbákara: Una de las etnias del Congo.
Mbaki: Esclavo.
Mbakuako: Irse, se va.
Mbala: Boniato.
Mbala kuyo kota: Cocinar.
Mbamba: Culebra grande. Culebrón.
Mbanga: Venga.
Mbangá: Riñón.
Mbani: Cuerno.
Mbankasa: Viejo.
Mbansa Bana: La Habana.
Mbansa: Jefe, Presidente. Ciudad grande.
Mbari: Querer, quiere. Mañana.
Mbasike mene mene: Mañana por la mañana.
Mbaso: Candela, caliente.
Mbati: Pantalón.
Mbei: Arroz (Lengua gangá).
Mbeke: Ropa.
Mbele: Hacha. Cuchillo. Quiebra Hacha (planta).
Mbele moana: Navaja.
Mbele mukua nkete: Quiebra Hacha.
Mbele munanketo: Machete.
Mbele Nganga no cotá.../ Mbele dále que cota / Vamos ya cotá...: Lo que se dice durante la jura de la Nganga o acto de iniciación; es decir, cuando se hacen los cortes al neófito con una navaja o una piedra.
Mbele ngángano cóta van que cóta. Mbele ngángano: Iniciación, «juramento"; Lo que se dice cuando se hacen las incisiones en el adepto.
Mbele yungama: Corta hierro.
Mbeleko: Cuchillo. Machete.

Mbelekoko: Cuchillo, navaja, puñal.
Mbelen sengue: Guataca, azadón.
Mbeli: Cuchillo. Machete.
Mbelika la mfembo: Naranja.
Mbelikalaémbefo: Naranjo.
Mbella: Nombre propio de mujer. Maleza, manigua.
Mbemba: Mano.
Mbembo: Negocio, asunto. Viento. Manos.
Mbenganfuri: Dolor.
Mbenso: Pañuelo.
Mbeso: Pelos de la pelvis. «Pendejo».
Mbí: Verde. Pepino verde. Mosquito.
Mbifi: Carne.
Mbika: Perro.
Mbiki: Goloso.
Mbilesi: Río.
Mbinda: Rata.
Mbinga: Tarro.
Mbiri: Majá (en lengua Gangá).
Mbisi: Carne (Lengua de congos Mumboma). Mujer pública.
Mbisi angulo: Manatí.
Mbisi L'Abana: Prostituta.
Mbisi ngulo: Carne de puerco.
Mboa: Perro doméstico.
Mboba: Hablar.
Mbole: Cazador.
Mbolo: Pan.
Mboma, Mbomá: Majá, serpiente. Culebra, majá, majá de Santa María.
Mboma kito: Hombre majá (Facultad que tenían algunos brujos).
Mbombo: Narizón.
Mbómbo: Yuca, casabe.
Mbombo menga: La sangre va a correr.
Mbonga: Venga.
Mbonganamé: Mujer nalgona.

Mbongo: Rico. Virtud, bondad, riqueza. Bastante.
Mbongo Simbo: Dinero abundante; «dinero grande».
Mboriyandi: Largo.
Mboso: Candela.
Mbota: Árbol de madera amarilla.
Mbote: bueno.
Mbu: Tiempo. Año.
Mbúa: Perro doméstico. También se le dice así al médium o dueño de una Nganga.
Mbuambúa: Nariz.
Mbuate: Botella.
Mbubadié: Plato de comer.
Mbuila: Una de las etnias del Congo.
Mbuiri: Espíritu acuático, de ríos y lagunas.
Mbula: Tormenta. Llover, lluvia.
Mbulo: Perro jíbaro, «para los malos oficios», hechicería.
Mbumba: Se llama en el campo al saco o jolongo en que guardaban su Prenda.
Mbumba: Lo misterioso. Serpiente, majá. Por extensión, así le llamaban los viejos al saco en que guardaban su Prenda o Nganga. Espíritu, «serpiente de agua», «Madre de Agua». Virgen de la Caridad del Cobre, «Espíritu de Agua».
Mbumbi: Muerto, cadáver.
Mbundu yelo: Cortés, bueno, fino.
Mbundu: Corazón.
Mbundunyele: Bueno, fino.
Mbungo: Botella.
Mbunsa: Sortija.
Mbuta: Viejo. Bonita. Padre viejo, antepasado.
Mbuto: Anciano. Viejo.
Meba: Sebo.
Mechuso: Álamo.
Medaló: Albahaca de anís.
Mekuembri: Palo Diablo.
Mela: Palo Cuaba.

Melembe: Día.
Meli meli: Medio medio.
Meme: Carnero.
Mena funi: Palabrota: «El c... de tu madre».
Mendako: El número nueve (9).
Mendapo: Seis.
Mendete: El número ocho (8).
Menga: Sangre.
Menga bombón sila: Sangre de chivo.
Menga Fiota: Tinta negra.
Menga nfiota: Sangre de negro, tinta negra.
Mengu: Rojo.
Menguengué: Jobo.
Meni meni: Pequeño, chico.
Meno: Diente.
Mense: Manteca.
Mensu: Ojos.
Mensu di fuá: Ojo que mata. Aojador, que mata o enferma con los ojos.
Mensu kundiemba: Ojos que miran fijamente.
Mensu tala tala: Ojos que miran fijamente.
Mensu vititi: (Ojo-yerba): Espejo del adivino.
Mensua: Siete.
Menu: Diente.
Merenten: Piña blanca.
Mesi: Agua.
Meso mandingene Kumanima: Ojos retorcidos de los muertos.
Mesu: Ojos.
Mete: Saliva.
Mfansi: Hueso.
Mfuán: Nariz.
Mfuemba: Cama.
Mfuka: Calentura.
Mfúmbala: Iglesia.
Mgónlo: Ciempiés.

Mi lembe: Dedos (Los).
Miansi: Huevo.
Miansima: Hormiga.
Miarinaribo: Congo (Un pueblo).
Miasina: Hormiga.
Miato: Güira cimarrona.
Miengue: Piña. Ropa.
Mifuita: Negro.
Migonga: Chino.
Mika: Pelos.
Mikanga: Caña.
Miko: Pelos.
Milo: Bledo blanco.
Mimikakuento: Cintura.
Mindele: Los Blancos.
Mindo: Maní.
Mine: Alacrán ("El rabo y la tenaza para brujería").
Mine kutukatikanga: Alacrán.
Minganga badigaso: Indio.
Mingango: Chino.
Minián puango: Lechuza.
Minianpungo: Diablo.
Minianpungú aminián pungo cachika karire Sampúngo: Diablo.
Minkonga: Chino.
Minseke: Manigua.
Mínsua: Azúcar. Caña.
Minwí: Música.
Minwiri: Muerto, cadáver.
Minyora: Cayajabo (gran amuleto).
Mioka: Dedo.
Mioki: Uñas.
Mioko: Uñas.
Mioko: Pies. Dedo.
Misanga: Caña.
Misangue: Caña.

Miseke: Campo, manigua. Arena.
Misima: Dotación, cabildo.
Misunguro: Puerco.
Miti: Madera.
Miure: Alacrán.
Mkuise: Santo congo (Un).
Mlombe: Bonita.
Mo: Yo.
Mo Wa: Oigo.
Mo kuenda nyele: Yo me voy.
Moá: Boca.
Moamba: Amarillo.
Moana: Niño. Prenda; hijos de la prenda.
Moana bakala: Niñita.
Moana buntu: Mujer buena, fina.
Moana buriri: Vivo, «uno que vive».
Moana butantoko: Hermosa, persona agradable.
Moana fuiri lukamba finda ntoto: Persona que muere se entierra.
Moana fwá: Mujer fea.
Moana kaka: Solitario.
Moana katuka kamulele: Mujeres desnudas.
Moana luke: Hijo del vecino. Niño.
Moana mbekele: Persona que se fue.
Moana mutamba ntu füiri bamba nkuna sindiló: Entierro (de un gran personaje).
Moana mutamba: Personaje.
Moana ndumba katikú basandi pángala bó mata yo: Saludo; Usted es una mujer que yo quiero y por eso la saludo.
Moana nené: Niña, muchachita.
Moana Nganga: Hija de la Nganga (iniciada en Regla de Congos).
Moana nkento kuikirikiá kunanfinda musenga bóba mambo salanga mankaro: Canto, las mujeres cantan cortando caña en el cañaveral.
Moana nkento mbisi ntoko: Mujer pública.

Moana nkento munanfinda boba mambo salanga makaro: Canto que cantaban las negras cortando caña.
Moana nkento nsusá: Mujer pública.
Moana Nso: Niño de la casa.
Moana nteté: Mujer encinta.
Moana wanki kimbi moana: Persona que se llama...
Moana wiriko santi kuame: Persona que despierta en la cama.
Moana yari yari: Madre.
Moanadumba: Mujer.
Moaname: Señorita, doncella.
Moanamí: Nieto (Mi).
Moananambati: Esclavo.
Moanangana: Mulato, «muy claro que se cree blanco y presume».
Moananguele: Señorita, doncella.
Moananketo: Señorita, doncella.
Moane katuko kamulele: «Así desnuda [desnuda la persona de pies a cabeza] recoge en el monte el escondidizo curamagüey, planta excesivamente venenosa que se emplea para matar».
Mobangué: Una de las etnias del Congo.
Mobelemuka: Quiebra Hacha (planta).
Mofongo: Machuquillo de plátano (el fufú de los lucumí).
Moganga: Chino.
Moko: Brazos.
Mokoka wando: Canela.
Mókua puto: Guardia rural; policía.
Molabo, Molalo: Cebolla.
Molenuka: Quiebra Hacha (planta).
Molunse: Guano.
Mombala: Garabato.
Mombasa: Una de las etnias del Congo.
Mombere: Cebolleta.
Momboko: Palo Amargo.
Momo: Yo.
Momo ba ndoki: Brujería; voy a hacer brujería.

Momo kuenda muna ban fuko conchita mundele ntuala kombón sila mbele munanketo kabulalaso munalembo munu kuenda munanseke ikiap kiap kiap... panga mensu ngombe: «Yo fui al ingenio Conchita, un blanco me dio un machete y me puso una soga en la mano. Caminé mirando la sabana. Vi bueyes y cochinos».
Momo nsoni: Vergüenza, me avergüenzo.
Mona: Adorno.
Moncorina: Chinchona o Palo Vigueta.
Mondongo: Una de las etnias del Congo.
Monduo: Granadillo.
Monganga: Resguardo, amuleto, «Prenda».
Mongansa: Amuleto.
Mongo: Montaña.
Monguanda: Puesto.
¿Moni wayala?: ¿Quién manda? ¿Quién gobierna?
Mono: Yo.
Mono kaka: «Estoy solito».
Mono kuenda ciaku: Yo me voy.
Monongoya: Peleando.
Monono Nsambi: Hijo de Dios.
Monono nsambre: Hijo del Rey.
Monsi: Escoba.
Monso: En la casa.
Montoi: Galán de día (planta).
Monuabo, Monuambo: Caña fístula.
Monuduna: Señorita, doncella.
Monunbáo: Guajaca (planta).
Moruambo: Palo Bronco.
Morumbankuo: Yamao.
Mose: Recipiente mágico; el de una Nganga judía para causar daño.
Mosikila: Tambor.
Mosingosé: Corojo.
Mosumbila: Jía amarilla.
Mosumbila: Jía.

Motembo: Una de las etnias del Congo.
Moto: Candela.
Moúngo: Ají dulce.
Mowaopuro: Conversador.
Moyo: Alma, sentimiento.
Mpaka: Cuerno (Se tiene como amuleto).
Mpaka memi: Cuerno de carnero.
Mpaka riri: Cuerno de chivo.
Mpambia: Dueño de una casa-templo de Regla Conga, el de mayor jerarquía, «como si dijésemos, primer jefe."
Mpambia Nkisa: Mayordomo o Segundo Jefe del templo o casa Nganga.
Mpanda: Asesinato, hecho de sangre.
Mpandika: Dame.
Mpanga samba: Compañero.
Mpanga mbuto: Hijo mayor.
Mpanga mensu bandinga, ba ndinga: Hablando, augurando el vidente y valiéndose del espejo mágico.
Mpángala: Prenda, amuleto. Jefe.
Mpanganga: Tarro cargado. Cuerno mágico (relleno de sustancias mágicas).
Mpangián lukamba nfinda ntoto: «Hombre que estuvo enterrado en el cementerio"; iniciado, «rayado», neófito.
Mpangu: Tierra Conga.
Mpangu di kuako: Hermano come.
Mpangui: Hermano de Nganga. Mellizos, «jimaguas». Señor.
Mpangui Nkisi: Sacerdote, Padre Nganga.
Mpangui Sama: Camarada, «carabela», hermano de Nganga. Iniciado, «jurado».
Mpangui yakala: Hermana.
Mpanguibari: Concubinato.
Mpansa: Jimagua.
Mpasi: Parto.
Mpemba: Yeso para pintarse las cruces y para trazar en el suelo el círculo de la Nganga.

Mpembe: Paloma.
Mpese: Cucaracha.
Mpesí: Cucaracha.
Mpimpa: Oscuro, oscuridad.
Mpolo: Polvo (para embrujar); ceniza.
Mpolo anso menfuiri: Ceniza de palo quemado.
Mpolo banso: Ceniza.
Mpolo kalunga: Sal.
Mpolo kubí: Ceniza.
Mpolo Lukué kué: Arena de mar.
Mpolo mpemba: Polvo de yeso.
Mpolo munu kalunga: Polvo de mar.
Mpolo nkumbre: Ceniza.
Mpolo ntoto: Polvo de tierra.
Mpolo Sambia: Incienso.
Mpongo: Poderoso, fuerza misteriosa.
Mprika: Ratón.
Mpuko, Mpuku: Ratón.
Mpulo: Hamaca.
Mpungo: Resguardo (Nombre de).
Mpungos: Santos. Los santos que se invocan en el «Palo Cruzado», es decir, en los ritos en que se invocan también a las divinidades del panteón Yoruba.

Mpungu: Poder sobrenatural, Dios. Santo.
Mpungu Bamburi: Divinidad conga «cuya característicaa es robar,» «ladrón como San Benito».
Mpungu kikoroto: San Francisco.
Mpungu Lomboamuila: Dios de los Cuatro Vientos y de la Tormenta.
Mpungu mafula: Santo; un equivalente del dios Eleguá lucumí.
Mpungu Mama Wanga: Virgen de la Candelaria.
Mpungu Mbumba: Espíritus, fuerzas.
Mpungu Mbumba: Virgen de Regla.
Mpungu mitufi: Santo Ladrón.

Mpungun Fútila: San Lázaro.
Mpungun Sambi bisa munantoto: Dios que está en la tierra.
Mpure: Zapote.
Mpuro: Níspero, zapote.
Mputo wankala: Güira.
Mputo: Caballo.
Msambia Mpungu meta wankita: Dios me castiga.
Mu: Beber.
Muamba: Naranja.
Muana: Niño. Muchacha.
Muana Mbala: Carabalí.
Muana Nganga: Brujo. Rayado, iniciado.
Muana nkasi: Nietos.
Muana ntu Nganga: Sacerdote de Regla de Congo.
Muanaeto: Hijo nuestro.
Muanaluke: Muchacho.
Muanalukekualukila kabaseiro: Muchacho que sabe correr y esconderse.
Muanandumba: Señorita, doncella.
Muanyere: Carambolí (planta cuyas hojas se emplean para curar las paperas).
Mubika: Esclavo.
Mubón: Palo Bomba.
Mubonga: Soldado.
Mudimi aena: Trabajo, faena.
Muenda: Vela.
Muene: Mirar. El, ella, otro.
Muene Mputu: Rey de los blancos.
Muene Mundele: Blanco principal.
Muengue: Caña.
Mueso: Patilla.
Mufe: Ladrar, ladrido.
Mufintoto nkunia: Tronco de árbol.
Mufúa Yambo: Barracón.
Mufuita: Negro. Palo Negro. Blancos.

Muganga: Prenda, nganga poderosa que contiene cráneo de chino.
Muika: Esclavo.
Muilo: Santa Bárbara.
Muinda: Vela.
Muindo: Calor.
Muine: Día.
Muingui: Frío.
Muini ntanga: Día caliente.
Muini: Ojos.
Muiya: Serrucho.
Mujamba: Jolongo.
Muka: Quiebra Hacha (planta).
Mukama: Concubina.
Mukanda: Carta. Zapato. Pluma.
Mukanda: Escribir (Pluma de).
Mukento: Mujer.
Mukiama: Rayo.
Mukiama muilo: Santa Bárbara.
Múkila: Látigo.
Mukoko: Cocotero.
Mukolo: Soga.
¿Mukonda diani?: ¿Para qué?
Mukua Dibata: Principal. Mujer preferida. Ama (el ama), la mujer del amo, «la señora principal».
Mukuaputo: Policía.
Mukuto: Testículos.
Mula: Tambor Caja (El llamador).
Mulán: Cazuela.
Mulangunga: Cazuela mágica (Nganga).
Muleke: Muchacho.
Muleke: Joven.
Mulombi: Cocinero.
Mulonga: Guerra, porfía.
Muloya: Brujo.
Muluanda: Embarcadero (En África).

Muluango: Arco iris.
Muluguanda: Ceiba.
Muluguanga: Caldero (en el que se depositan los elementos mágicos del Mayomero o Tata Nganga).
Mulunda: Cabeza.
Mulundu: Altura, loma.
Mulungú: Dios, Santísimo.
Muluwanda: Muelle grande. Un muelle de África.
Mumalo: Pie.
Mumbanda: Brujería.
Mumbapatikongo: Nombre de Nganga.
Mumbiri: Palo Copal.
Mumboma: Virgen de la Candelaria. Ua de las etnias del Congo. Fiesta, música.
Mumuseke: Campo, manigua.
Muna: Sabana, llanura.
Muna kuisa: Partir.
Muna labeche: Poco, un poco.
Muna yolé: Poco.
Munabungo: Refunfuñar, refunfuño.
Munafuto: Hijo.
Munalala: Barco de vela.
Munalango: Relámpago.
Munaluke: Mozo.
Munalunga: Botella.
Munalusa: Barriga.
Munan nuá: Boca.
Munana: Hijo.
Munandumba: Hermana de sacramento de Nganga.
Munangua Lango: Agua bendita de la iglesia o preparada por el brujo.
Munangüeye: Hermano; cofrade.
Munankoto: Órgano sexual femenino.
Munankuto: Bolsillo, saco.
Munankutu: Aquí.

Munansando guindengula: Mercado, la plaza.
Munansando: Venduta. Puesto de frutas.
Munansó: Palacio.
Munansó liri bakanga: Cueva.
Munansó tamuame: Trampa y casilla que se hace en forma de bohío.
Munanso sando: Alcaldía.
Munansula bobelán kene: Truena en el cielo.
Munantansila: Tropezar.
Munantao: Allá.
Munantú mpanduyo: Calvo.
Munantuya: Fogón.
Munanweye: Hermano; cofrade.
Munanyanya: Embarcadero (En África).
Munaya beche: Esclavo.
Munayo: Pies.
Munbonga: Brujería, basura.
Munda: Vela.
Mundalala: Golondrina.
Mundamba: Una de las etnias del Congo.
Mundambiola: Señora Real.
Mundela: Estefanote.
Mundele: Blanco.
Mundele kimputo: Criollo blanco.
Mundele kintu: Blanco está bravo.
Mundele kualukila nmukanda Bafiota Kualukila Vititi: Blanco sabe con libro, el negro con yerbas (brujería).
Mundele loanda: Blanco extranjero, hombre de la capital (Loanda).
Mundele lunwando: Extranjero blanco.
Mundele makarará mangó: Blanco malo.
Mundele Manputo: Blanco, criollo.
Mundele ntú yisenga: Cortarle a un blanco la cabeza.
Mundele quiere bundanga: El blanco quiere saber.
Munduko: Tiro.
Mundundu: Palo Mulato.

Munduso mundanga mundusu mundanga kunansari kunansari kuenda kuenda ekuenda con kuenda: Rezo.
Mune pun pun: Ninguno.
Munelando: Puerta.
Munfüira: Bicho, sabandija.
Munga: Azúcar.
Mungane monsa: Laguna.
Mungaoka: Hicaco.
Mungonga: Prenda, nganga poderosa que contiene cráneo de chino.
Mungua: Azúcar.
Mungua Lango: Agua con azúcar.
Munguela: Cedro.
Múngwa Lango: Agua bendita de la iglesia o preparada por el brujo.
Muni kaudilan nengua, kaudilanga: Triste estoy, murió mi madre.
Muni kangri moana: Voy a matarte.
Muni anfuanga: Lechuza.
Munia: Luz, la luz del día. Bañarse.
Munika kuento: Manos.
Munila: Cintura.
Muninfuanga: Lechuza.
Muninfüíse: Bichos.
Muno kuisa yenda munansó santikuame: Llego a casa a acostarme en mi cama.
Muntó: Bejuco fideo.
Munu bain munaleye ya lukaya: Jefe, persona importante, «como un Obispo», «soy el Jefe».
Munu bakusumbe ndimbo kinkolo: Voy a comprar miel.
Munu bakusumbe ndimbo kunkole: Comprar miel.
Munu fuá mato: Mi oído está malo, no sirve. Oigo mal.
Munu kakuisa munatango alemba: Congo que vino volando de África.
Munu Kalunga: Arena de mar.
Munu kangri moana: Te voy a matar.
Munu keanfú: Río de África.

Munu kivú: Arena de río.
Munu kuisa mafua yambo munanso: Voy al barracón, a mi casa.
Munu kuisa mafuá yambo munansó: Me voy al barracón, a mi casa.
Munu léka: Voy a dormir.
Munu lurián bansa kadiampembe: Soy el Diablo, el Infierno.
Munu ntu yela kalunga: Enfermé en el mar.
Munu ntu yela muna kalunga: Me enfermo en el mar.
Munu sandio machafío: Frutería.
Munu sando baku sumbeiloso: «A la bodega se va a comprar arroz».
Munu sando fioteke: Carbonera.
Munu sando lele: Tienda de ropa.
Munu sando: Mercado, bodega, venduta.
Munu suké nsunga: Fumar, fumo.
Munu tombón kolo: «Estoy indignado, molesto».
Munu tuyán sualo: Trabajo, estoy trabajando.
Munu udia kanda bansala kuna kián kuna saulán Bembo: «Yo conozco muchos papeles, soy escribiente del Rey».
Munu waba ngueye: Yo hablo con usted.
Munu yenda gangantare gangantare boba ndinga munu ntala nfita munán seke insita kamatuya munanfita munusita munia masa munanfita: Vi al curandero, que me mandó a ir al monte y a darme baños con yerbas.
Munu yenda muna banfuko ntala ngombe katá toto salanga ngombe furi musenga: Fuimos a trabajar al ingenio. Rompimos la tierra y sembramos caña.
Munungasa: Estoy llorando.
Munúngua: Hernia, quebradura.
Mununtunga: Ya llegué.
Munyaka: Una de las etnias del Congo.
Muralla: Tambor. Toque o repique de tambor yuca. Véase «Tambor» en la sección Español-Congo.
Musabela: Una de las etnias del Congo.
Musamba: El hechicero.

Musanga: Espíritu, fantasma.
Musanga: Yerbas.
Musanga: Compuesto, brebaje.
Museke: Campo, manigua.
Musenda: Árbol Ficus pandurata.
Musene: Soga.
Musenga: Caña de azúcar.
Musenguene: Majagua. Ver «majagua» en la sección Español-Congo.
Musensa: Esclavo.
Musi: Árbol, «palo». Uno.
Musi kalunga masa: Mangle.
Musi kwilo: Mangle.
Musianda: Puerto, «un gran puerto congo».
Musiató: Murciélago.
Musieto charieto, senguengué mangüema muruwanda yayámbi dundu iré ban füiri: Rezo para encomendarse a los Mpungu y a los muertos y pedirles perdón cantando y bailando en ronda.
Musima: Hígado.
Musina Nsambi: Ceiba. Árbol de Dios (la ceiba o el laurel).
Musinda Nsabi: Ceiba.
Musinga: Una de las etnias del Congo. Cuero, látigo. Majagua.
Musitoto: Rajadura que se hace en el tronco de un árbol.
Musitu: Monte firme.
Musombo: Huesos.
Musongo: Una de las etnias del Congo.
Musuita: Palo Negro.
Musulunga: Persona necia.
Musulungo: Una de las etnias del Congo.
Musuluwandio: Español.
Musumbo: Sombrero.
Musundi: Una de las etnias del Congo.
Musundia yandé: Tarde.
Mutambo: Nombre de Nganga judía «para hacer daño».
Mutu wenda ngongo: Uno que camina por todo el mundo.

Muyaka: Fogón.
Muyao: Nombre propio de mujer.
Muyodo: Calor.

N

Naa: Vaca.
Nainso: Ceibón de costa.
Najá: Vaca.
Nake: El número ocho (8).
Nakó: Boca.
Nakue: Cementerio.
Nalé: Calabaza.
Nalende: Cuchara.
Nanakuto: Órgano sexual femenino.
Nangué: Ceiba.
Nani: No.
Nansi: Araña, canángano.
Naonú: Palo Carbonero (planta).
Naribé: Ceiba.
Nasa: Agua.
Nbaka: Guardar.
Nbandele: Cortar, corta.
Nbani: Tarro.
Nbánsua: Candela.
Nblanki: Mano.
Nbola Nsusu: Águila.
Nbongo: Dinero.
Nbrinda: Camarón.
Nbuela: Paloma rabiche.
Nbumba: Arco iris.
Nbumbo: Garrafón.

Nbundo: Corazón.
Nbundo Angola, Nbundo Ngola: Anguila.
Nchá: Taza. Venado.
Ncha riri: Tarro de chivo.
Nche: Ropa.
Nchila: Resguardo, amuleto, «Prenda». Corazón.
Nchinga: Pescuezo.
Nchoflá: Navaja.
Nchokola: Pitirre.
Nchonde: Jutía.
Nchugandinga: Gandinga (toda).
Nchuki: Pelos.
Nchuki mafundi: Pelos de la pelvis. «Pendejo».
Nchulo: Sapo.
Nchuta: Alacrán. Vaso.
Ncuyo: Espíritu. Ver «Espíritu» en sección Español-Congo.
Nda: Andar, ve.
Nda leka: Vete a dormir.
Ndambi Kiá Kusaka: Espíritu de hombre que cura, o lo que cura.
Ndambo kinkolo: Miel de abeja.
Ndefoko: Cangrejo.
Ndele: Cortar, corta.
Ndía: Comida. Vísceras, gandinga. Comer.
Ndiambo: Espíritu malo, duende.
Ndibá: Ajonjolí.
Ndiba: Harina.
Ndile: Amuleto.
Ndilu: Cuatro esquinas.
Ndimanguiwa: Chismoso.
Ndimba: Quimbombó.
Ndimbo: Dulce.
Ndinga: Hablar, voz.
Ndinga mba ngudi: Lengua materna.
Ndiónsila: Sapo. Lagartija.
Ndo: Caballero.

Ndoí mindo: Aguardiente.
Ndoki: Diablo, brujo. Espíritu, duende, maleficio. Sirve para llagar y envenenar. Ciega a un enemigo. Vampiro. Brujo, hechicero
Ndoki chamalongo: Cruz de Regla de Palo.
o hechicera que vuela. Brujo malvado, «judío», «Espíritu malo».
Ndoki matambo: Niño hechicero.
Ndolongo: Caña brava.
Ndondele: Gracias.
Ndonga pavi: Parientes.
Ndongo: Brujo. Espíritu «malo que tenían algunos congos en el vientre».
Ndonso: Gracias.
Nduala: Para.
Nduke: Buscar.
Ndukora: Bejuco chamico.
Ndumba: Mujer. Soltera. Prostituta, meretriz.
Ndumba marika: Señorita, doncella.
Ndunda: Albino.
Ndúndu: Espíritu.
Ndundu Mbaka: Enano: «Cosa mala chiquita que camina de noche».
Ndungo: Martillo. Pimienta.
Ndungo guiare: Pimienta de Guinea.
Ndungui: Coco.
Nduré: Caguaso.
Negú: Firma o trazo mágico que hacen los congos en el suelo.
Nena luande: Preso.
Netekele: Nieto (Mi).
Nfangué: Almagre.
Nfato: Caballo.
Nfei: Agapanto.
Nfembe: Muriendo. Nalgas.
Nfía: Pene.
Nfía tombre: Órgano sexual masculino.
Nfía timbisi: Erección.

Nfía yakala: Sexo del hombre.
Nfiala tenjé: Cebolleta.
Nfika: Cucaracha.
Nfimán: Bichitos.
Nfinda: Canto. Ver «Canto» en sección Español-Congo. Monte.
Nfindantoto: Cementerio.
Nfinfi: Viento.
Nfita: Bejuco. Yerba.
Nfita kalunga: Limo.
Nfita kima: Bejuco.
Nfita kimbansa: Grama.
Nfita masa: Helecho de río.
Nfita sinda moana: Ponasí.
Nfita solanki: Grama.
Nfitete: Hormiga.
Nflú: Aguacate. Jicotea.
Nfu: Abanico.
Nfuambata: Justicia (La Autoridad).
Nfuidi: Muerto.
Nfuiri: Muerto (Espíritu del).
Nfuiri inkuán: Muerto.
Nfuki: Almagre o polvo de color.
Nfuku: Jutía.
Nfula: Pólvora.
Nfula guisa: Relampagueo, indicios de lluvia.
Nfulanguisa: Lluvia (va a llover).
Nfuma: Ceiba.
Nfumbi: Espíritu del muerto. Muerto.
Nfumbie: Hermano.
Nfumo: Jefe, Amo, el Mayor de la Regla.
Nfumo Batá otabanga: Gobernador.
Nfumo Bata: General, Mayor General. Sacerdote, Padre Nganga. Uno de los nombres que dan los descendientes de congos a los sacerdotes o Padres Nganga.
Nfumo bunto: Jefe bueno.

Nfumo mpí: Rey
Nfumo Nkento: Jefe.
Nfumo Sango: Obispo. Padre. Jefe.
Nfumo sango guluba nyanda logué: Sabio, jefe.
Nfumobata: Mayor General, Jefe.
Nfumú: Sortija.
Nfunda: Pedo.
Nfunde: Muerto.
Nfungue: Almagre.
Nfuri: Sembrar.
Nfuru: Jicotea.
Nfuruta: Guayaba.
Nfusé: Cucaracha.
Nfuta: Llaga, fístula.
Nfutu: Tabaco.
Ngalu: Cesta.
Ngami: Marido
Ngana: Persona muy importante. Señora.
Ngana María: Virgen María.
Ngando: Caimán.
Nganga: Prenda, Muerto, espíritu de un muerto que actúa en el caldero o en la cazuela de barro del mago o mayombero. Por extensión se llama nganga a estos recipientes. Brujo. Caldero. Muerto, «Prenda» o cazuela habitáculo de un espíritu.
Nganga Bakulu: Sacerdote, Padre Nganga.
Nganga kina Kiaku: Baile, bailar el Ngangulero con la Nganga.
Nganga Manga: Sacerdote, mago.
Nganga Móse: Se le llama así a la Nganga (prenda) judía.
Nganga mpiata: Adivino, otro nombre que se da al Taita Nganga. Sacerdote, mago.
Nganga Ndoki: Brujo malvado, «judío», «Espíritu malo». Sólo hacen daño. «Comen gente: chupan sangre».
Nganga ngombe: Médium, «criado de Nganga».
Nganga ngombo: Caballo, médium.
Nganga Ngombo: Adivino.

Nganga Ngombo: Palero.
Nganga Nsambi: Brujo de Dios, en oposición al brujo malhechor, «mayombero judío».
Nganga pabibo: Recipiente mágico.
Nganga Tare: Brujo curandero.
Ngángala kufuá: Hablo con el corazón, sinceramente.
Ngango: Nudo.
Ngangondo: Caimán.
Ngangulero: Brujo.
Ngani insambia Mpungu molumba: Dios nos dé fuerza.
Ngengele mensu: Pupilas, «las niñas de los ojos».
Ngimbe: Le dicen los Mayomberos al médium poseído por un espíritu. Trance.
Ngo: Leopardo. Tigre.
Ngo kumararia: Tigre en yerba de Guinea.
Ngola: Anguila. Reino de Angola.
Ngola Nsusu: Águila.
Ngolele: Amado, amar. Querer, quiere.
Ngolo: Fuerza.
Ngoma: Tambor.
Ngoma Mputo: Tambor.
Ngombe: Buey. El que sirve de médium a los espíritus (Ngangas). Médium, espíritu que se posesiona del brujo. Trance.
Ngombo: Médium, espíritu que se posesiona del brujo.
Ngomune: Águila.
Ngonda: Luna.
Ngonda miese: Luz de luna, el claro de luna.
Ngondi: Bien, está bien.
Ngondia: Luna.
Ngongo: Campana. Malo, maldad, miseria. Mundo, tierra, país.
Ngongo ami: Pobre, ser pobre, «nada tengo».
Ngongo ngongo basika mbansa bana: «Oigo la campana de mi pueblo».
Ngongolé: Hablar.
Ngóngolo: Ciempiés.

Ngóngoro: Ciempiés.
Ngóngoro munanfinda: Mancaperro.
Ngongoya: Tigre.
Ngongue: Campana.
Ngoso: Culantrillo de pozo.
Ngosula: Águila.
Ngrefo: Mulato.
Nguá: Madre. Amado, amar.
Nguá mio ngongo mi: Tengo mucha miseria. Madre, Mi madre tiene mucha miseria.
Nguai: Gato.
Nguala: Maní.
Nguame: Mal, maldad, malo.
Nguami: Madrina.
Nguansi: Tobillo.
Nguba: Maní.
Nguba tatu: Maní, jimagua.
Ngubo: Hipopótamo.
Ngubula: Jefe, el que manda, mayor de la casa.
Nguda Nkita: Dueña, Madre de Nganga.
Ngudi ganga: Madrina de iniciación.
Ngué: Sábado.
Ngudi Nkita Nganga: Madre Dueña de la Nganga, Sacerdotisa de Regla de Mayombe.
Nguefa: Moruro. Mulato.
Nguei: Tú, usted. Manigua.
Ngüei: Leña.
Nguei Dambi ntuke: Dios perdóname.
¿Nguei kimbi moana?: Nombre, ¿qué nombre tiene esa persona?
¿Nguei kuenda?: ¿Tú te casaste?
Nguei kuenda memabanfuko «Conchita». Mundele ntuala kombón sila mbele munaketo kabulalaso munalémbo munu kuenda munan seke ikiap, kiap, kiap... panga mensu ngombe: «Fui al ingenio Conchita. El blanco me dio un

machete y me puso una soga en la mano, caminé mirando la sabana; mirando la sabana vi bueyes y cochinos».
Nguei munu ndinga: Hable.
Nguei panga mensu matoko ndumba: Mira las nalgas de esa mujer.
¿Nguei ta ta ta tío tío Mputo?: ¿Dónde está la pólvora?
Nguei tembulen tuya: Dame los fósforos.
Nguei udiá tufiolo: Voy a tomar café.
Nguelele: Ropa.
Nguembo: Murciélago.
Ngueme muta kuio Ngene muta: Voy a contar un cuento.
Nguenbebén: Trincha.
Nguenga: Mono.
Nguengo: Mono.
Nguéngue: Ajonjolí.
Nguengueré: Madre de Agua.
Ngueye: Tú, usted.
¿Ngueye kolere kueto?: Bien, ¿está bien?
Ngüeye kuela: Te has casado.
¿Ngueye mela?: ¿Está usted casado?
Nguika: Mano.
Ngüika: Dedo.
Ngüika nene: Dedo.
Nguincho: Cazuela.
Nguingo: Abrojo terrestre.
Ngüirimiko: Gato.
Ngüita: Bien, gracias.
Ngulo: Cerdo.
Ngulu: Cerdo.
Nguluba: Cerdo.
Ngumbian: Maní.
Ngunche: Jutía.
Ngunda: Ceiba. Luna, «Madre del Sol».
Ngundo: Ceiba. Cuba.
Ngundu: Espíritu.

Ngunga: Campana.
Ngunga yambula: Campana sonando.
Ngungo: Quimbombó.
Ngungo gunga día ngunga: Congos de la Campana (Congos Reales).
Ngungu: Aretes.
Ngungu meni meni: Campana chica.
Ngungu puto: Campana grande.
Ngunsa: Fuerza.
Nia mua: Boca.
Nialu: Caballo.
Niambie: Hermano.
Nianga: Epilepsia.
Niangi: Temblar, ataques, convulsiones.
Niangui: Almagre.
Niasa: Ajo. Higos.
Nibaleke sunsu: Sabanero (pájaro).
Nienga: Lepra.
Nika: Comprar. Contar.
Nima: Soga.
Ninfé: Manigua.
Ningosa: Cucaracha (planta).
Nini yanga: Mamey.
Ninki: Árbol aceitero.
Ninyó: Bejuco zarzuela.
Niongo: Coito.
Nitu: Cuerpo.
Njubo: Cruz.
Nkafo Kibulo: Ají de China.
Nkagui: Crucifijo.
Nkai: Abuelo, antecesor. Padrino. Mulato.
Nkala: Cangrejo.
Nkama: Cien.
Nkambo: Ceiba, según un viejo de Santa Clara.
Nkana: Esposa. Marido.

Nkanda: Papel y corteza de árbol. Hoja. Amarre. «Tumbar», dominar (mágicamente). Carta. Plumas.
Nkandangó: Cuero de tigre.
Nkandián: Coco.
Nkando: Martes. Flor de mariposa.
Nkando anguereso: Zapato americano.
Nkando bafiota: Zapato negro.
Nkandu: Zapato. Santa Clara.
Nkanga: Amarrar, ligadura mágica; amarre.
Nkanga Nsila: Amarre mágico para las cuatro esquinas.
Nkange: Prender, cautivar.
Nkango: Chivo. Nudo.
Nkangreso: Capullo de mariposa.
Nkangue: Atadura; amarre mágico para las cuatro esquinas. Lazo.
Nkangui: Atar, ligadura.
Nkanimá: Río.
Nkasa: Habichuelas.
Nkato: Caballo.
Nkawandi: Nasa, canasta.
Nkebe: Armario.
Nkeke: Criado.
Nkele: Escopeta.
Nkele munanketo: Revólver.
Nkendo: Hembra.
Nkengue: Virgen de las Mercedes.
Nkenta: Hembra.
Nkento: Mujer. Suegra. Uno de los nombres que dan los descendientes de congos a los sacerdotes o Padres Nganga. Palo Ramón (planta).
Nkento buta: Mujer encinta.
Nkento insuso: Mujer despreciable.
Nkento kiboba: Anciana.
Nkento kuako yari: Madrina.
Nkento la bana: Mujer pública.
Nkento makande: Viejo, hombre y mujer viejos.

Nkento moana diata munansó: La mujer está en la casa.
Nkento muana kasi: Mujer casada.
Nkento yakanda: Mujer.
Nkento yande: Señora.
¿Nkento yande nkokele kasakó?: Saludo: ¿Cómo está su señora?
Nkento yande wenda kiako: Señora. La señora se va.
Nkewa: Mono.
Nkiala: Tarro.
Nkewa: Canángano. Mano.
Nkián kián masa mandombe: Grande.
Nkicho: Caldero.
Nkike: Practicar los ritos los miembros de una corporación religiosa.
Nkili: Aire.
Nkima: Mono.
Nkimandi: Gracias.
Nkimanki: Gracias.
Nkina: Armario.
Nkincho: Cazuela.
Nkinga: Tea encendida para alumbrar.
Nkirio: Cuidado.
Nkisa: Jefe del templo o casa Nganga.
Nkisi: Poder sobrenatural. Caldero mágico (habitáculo de un espíritu). (Ver «caldero» y «caldero mágico» en la sección Español-Congo). Prenda, fuerza mágica, fetiche. Santo, Espíritu que sirve al brujo.
Nkisi bondá: Matar el Nkisi.
Nkisi Masa Matari: Piedra «Fundamento de un».
Nkisi masa: Espíritu acuático, de ríos y lagunas.
Nkisi Mbomba: Espíritu que vive bajo el agua y habita en el majá.
Nkisi Mbumba: Espíritu, «serpiente de agua», «Madre de Agua».
Nkisi minseke: Espíritu de la manigua.
Nkisi munansó kisi: Iglesia.
Nkisi Nganga: En los templos congos, cazuela o caldero de hierro, dotado de un poder sobrehumano.
¿Nkisi kensiguatuka?: ¿De qué familia es usted?

Nkiso: Poder sobrenatural. Caldero mágico (habitáculo de un espíritu).
Nkita: Padre o Madre Agua (fuerzas fluviales). Espíritus de muertos, algunos que murieron violentamente. Rayado, brujo. Palo Dagame (planta). Santa Bárbara, «Santo por excelencia, Changó congo». Palo Yamao (planta).
Nkita kita: Secreto o «Fundamento» del brujo. Fuerza sobrenatural.
Nkita kuna masa: Espíritu de Agua.
Nkita lumbe: Frijoles.
Nkita Siempungo: Piedra de rayo; «Piedra que cae del cielo y se adora».
Nkitán nkitán: Santo grande (fuerza o energía espiritual poderosa).
Nklá: Casado.
Nkobo: Caracoles. Caballo.
Nkombo akinó: Caballito del Diablo.
Nkombo: Caballo, vasallo de Nganga. El que es poseído por el espíritu. Chivo, esclavo. Esclavo, médium. Hermano.
Nkonda: Cortar, corta.
Nkondi: Brujería, amuleto.
Nkondo: Hermano; cofrade.
Nkongo: Chivo.
Nkonsi: Miércoles.
Nkorimanfo: Retama.
Nkua kondiga munangango solo: Campana (el mayoral tocando para que los esclavos vayan a trabajar).
Nkuaba: Maní.
Nkuako dila: Madrina.
Nkubrí kalunga: Vapor. Barco de vapor.
Nkufíndula: Raspalengua (planta).
Nkufo: Jicotea.
Nkuí: Misterio, monte.
Nkuí kirikián mbele nkunia: Cortar árboles con machete.
Nkuila: Sapo.
Nkula: Muerto, los muertos. Anciano, abuelo, antepasado muerto.
Nkulu: Güira, güiro. Viejos, antepasados.

Nkumba Fumanguane: Ombligo.
Nkumbe Kalunga: Barco.
Nkumbe mankaró muna ntuya: Locomotora, «rastra que trabaja con candela».
Nkumbe munankuaya: Máquina de vapor, vapor.
Nkumbe salanga muna Kalunga: Barco que trabaja en el mar.
Nkumbi: Ceiba.
Nkumbia: Malanga.
Nkumbini: Jutía.
Nkumbre Kalunga: Nave de vapor.
Nkumbre kuna yiere: Tren, ferrocarril.
Nkumbre ku nayiere: Ferrocarril, tren.
Nkumia munankanda: Tambor de madera y cuero.
Nkuna nwako: Prostituta.
Nkundi: Amiga.
Nkundi Nkundia: Mujer preferida.
Nkundiamba Kalunga: Barco.
Nkundu: Prenda, amuleto.
Nkuni: Muñeco.
Nkunia: Árboles. Palo. Algarrobo.
Nkunia Bondán Siká: Árbol Cambia Voz.
Nkunia cheche Kabinda: Árbol Téngue.
Nkunia Fiame: Ceiba.
Nkunia fuadí: Guásima.
Nkunia guenguere kunansieto: Árbol Jobo.
Nkunia kema tenda: Palo Vence Guerra.
Nkunia keri bendi: Zarza, árbol de espinas.
Nkunia mabungu: Ceiba.
Nkunia Malambo: Palo Malambo.
Nkunia Masinguila: Almácigo.
Nkunia menga tuala: Cedro, árbol, palo.
Nkunia Mpeka: Árbol Malambo.
Nkunia ntuta: Zarza, árbol de espinas.
Nkunia Sambi: Ceiba.
Nkunilele sambiantuke: Ciprés.

Nkunu bonda mabisa: Guamá.
Nkusó, Nkuso: Cotorra.
Nkusu: Barracón. Loro. Recinto de la Nganga.
Nkuta dilanga: Talismanes.
Nkuto: Recipiente, bolsa, bolsillo, saco. Fogón. Resguardo, amuleto, «Prenda». Oír, oye, oreja.
Nkuto mpámbula: Nada tengo en el bolsillo.
Nkutu dilanga: Collar (amuleto, resguardo).
Nkututati kanda: Alacrán.
Nkuya: Muñeco de palo.
Nkuyo: Muñeco mágico de palo, semejante al chicherekú de los lucumí. «Habla». Espíritu «como un Eleguá congo».
Nkuyu watariamba: San Pedro.
Nlango mbumba: Río.
Nlanguo: Árbol calalú.
Nlekila: Saber, curar.
Nlembo: Dedos.
Nlongo: Prohibido.
Nmonsi: Escoba.
Noka: Majá, serpiente.
Noka penga: Cotorra.
Npanguila: Mundo.
Npembe: Arcilla blanca, tiza.
Npu: Ratón.
Nputa: Llaga, fístula.
Nputo guánkala: Jícara.
Nsaba: Jabón.
Nsacho: Elefante.
Nsaku: Limpio.
Nsala: Trabajo, hechizo u operación mágica que hace el Ngangulero. Baño de limpieza. Limpieza, purificación. Lunes.
Nsala, Nkando, Nkonsi, Dengue, Diansona: Los cinco días de la semana.
Nsala la lera ntiti: Escoba de barrer.
Nsalá Malongo: Volar alto o vuela un Santo.

Nsalakó: Trabajo, hechizo u operación mágica que hace el Ngangulero.
Nsalanga: Trabajo. «Hacer el hechizo».
Nsama: Tijera.
Nsambi: Dios, El Creador.
Nsambi kaku yola ndiambo: Dios te protege, te librará del mal.
Nsambi kokuyila Diambo: Dios no permita que te hagan daño.
Nsambi Ntoto: Santo Dios en la tierra.
Nsambi watuka: Dios concédeme.
Nsambia munalendo: San Francisco.
Nsan: Elefante domesticado.
Nsanda: Plaza, mercado.
Nsando: Ceiba.
Nsanseco: Taburete, asiento.
Nsansi: Jaiba.
Nsanso: Bigotes.
Nsao: Elefante domesticado.
Nsasa: Basura.
Nsala: Lunes
Nsasi: Mpungu congo identificado con Changó, Santa Bárbara. «Come» gallo, carnero, harina de maíz, quimbombó y jicotea.
Nsasi fula: Rayo.
Nsasi Mpungo: Santa Bárbara.
Nsasi muna nsulu fula inoka muinda munansulu sakrila Nsasi kinfunda munantoto: Trueno. El Mpungu o Dios del Trueno, Nsasi, estalla en el cielo y cae en la tierra.
Nsasi munansulu fula inoka muinda sokrila Nsasi kinfu lu muna ntoto: El rayo está en el cielo, estalla, alumbra y cae en la tierra.
Nsasi nguila: Centella.
Nsaulu kunga: Camello.
Nsaura: Aura Tiñosa.
Nsawo: Elefante domesticado.
Nsefu: Pelo.
Nseke: Campo, manigua.
Nseke gando: Yerba caimán.

Nselo: Patilla.
Nsenga: Guataca, azadón.
Nsense: Venado. Grillo.
Nsí Fuá: Tierra de muerto.
Nsí soniko: País desvergonzado.
Nsi: Tierra. País.
Nsiama: Serpiente. Culebra. Planta, matojo.
Nsika: Tumba, sepultura.
Nsike muana nkento: Sexo de la mujer.
Nsikila: Trabajar, hacer algo.
Nsila: Calle, camino.
Nsila Kukiela: Final del camino.
Nsila ñoka munandanda matari: Vehículo (coche, volante, carreta que rueda por camino de piedra).
Nsila toto ntetéka ingui: Camino con mucho lodo.
Nsimbo: Dinero.
Nsimbo Ndiako: Dinero abundante; «dinero grande».
Nsimbu: Cuentas, perlas.
Nsimburiano: Padrino.
Nsimo: Mono grande.
Nsinde: Mirar.
Nso: Casa. Tumba, sepultura. Cementerio.
Nso Baluande: Casa de la Virgen de Regla.
Nso Fingín pambi: Panal de avispas.
Nso fuiri: Casa de los muertos (el cementerio).
Nso gando: Cárcel. Precinto.
Nso kinake: Cementerio (en Kimbisa).
Nso mualambi: Cocinero de la casa.
Nso Ndoki: Casa del brujo.
Nso Nganga: Templo.
Nso Sarabanda: Cárcel.
Nso Túfi: Excusado.
Nsó mana Sambia: Iglesia católica, Casa de Dios.
Nsobele: Querer, me quiere.
Nsode: Querer, me quiere.

Nsofeka: Favor.
Nsolele: Si quiere.
Nsombo: León.
Nson bónkila: Pulga.
Nsoni: Vergüenza.
Nsosi: Pez. Escribano, «síndico».
Nsosi gumbe meni: Pez chico.
Nsosi yako: Pez grande.
Nsowawo: Guanajo, pavo.
Nsu Nkako: Pata de gallina.
Nsuako: Casa.
Nsualo: Mayoral, también significa trabajo.
Nsualo nsualo: Poco a poco.
Nsusudame: Gallina prieta.
Nsuenkoku: Piñón de Guinea.
Nsuesi: Pelo.
Nsuka: Leche.
Nsuke: Pelo.
Nsukele: Gallina de guinea.
Nsuki: Almagre.
Nsukurulu: Cielo.
Nsukururú Sambia ampungo: Dios en el cielo y Dios en la tierra.
Nsukururú Sambia Ntoto: Dios en el cielo y Dios en la tierra.
Nsulá: Viejo.
Nsulu: Cielo.
Nsulu bongán kele: Truenos, está tronando.
Nsulukusa: Cotorra.
Nsumbiriana: Uno de los nombres que dan los descendientes de congos a los sacerdotes o Padres Nganga.
Nsumbo: Padrino. Uno de los nombres que dan los descendientes de congos a los sacerdotes o Padres Nganga. Madrina.
Nsumburiana: Madrina.
Nsumia: Ciempiés.
Nsunga: Tabaco.
Nsungo: Encocorar. Cazuela.

Nsungu kama tuya udia: Cazuela para cocinar la comida.
Nsunguele: Guinea.
Nsunso kokantu: Carpintero (pájaro).
Nsunsu yamdobe: Gallo negro.
Nsuro: Cielo.
Nsuru: Cielo.
Nsuso dampemba: Paloma.
Nsuso mandambé: Gallina prieta.
Nsuso Mayimbe no tiene Nso: Aura Tiñosa no tiene casa.
Nsuso Nsambia: Palma blanca.
Nsusu: Gallina.
Nsusu ambeguese: Gallina y pollo enanos.
Nsusu balu tanga: Pájaro volando.
Nsusu guampembe: Pájaro blanco.
Nsusu mambemba: Gallina blanca.
Nsusu mbeguese: Pollo o gallina enana.
Nsusu Muteka: Caballito del Diablo.
Nsusu odiampembe: Gallina blanca.
Nsusu wampembe: Gallo blanco.
Nsusu yamboakí: Gallo indio.
Nsusukusa: Cotorra.
Nsusulango: Pato.
Nsuwawuo: Guanajo.
Ntaba: Hablar, voz.
Ntala: Mirar.
Ntalan: Dame.
Ntalán tumba: Dame la botella.
Ntambe: Pie. Pies.
Ntámbuyere: Regular, así así.
Ntán basimene: Hasta mañana.
Ntanda: Lengua.
Ntandala moana: Gracias.
Ntandele: Gracias.

Ntango yere bakuela pembe wako yaya nwako yaya bakuele dundu ware: "Aprieta la mano tambor, y a bailar que se va el sol».
Ntangu lungo: Sol está alto.
Ntangu: Sol.
Ntatande: Uno de los nombres que dan los descendientes de congos a los sacerdotes o Padres Nganga.
Ntatando: Padre.
Ntela bila bulu: No sabe nada, es un bruto.
Ntema duán finda: Rompe-zaragüey.
Ntengo: Nigua.
Ntí: Latido. Madera, palo.
Nti ntima: Corazón.
Ntiakola: Pitirre.
Ntiama: Matojo, planta.
Ntiba: Plátano guineo.
Ntiele: Reloj.
Ntima Buntu: Buen corazón, de sentimientos nobles.
Ntimate: Corazón.
Ntise pemba matariyeso: Yeso de pintar.
Ntiti: Basura.
Ntitima: Latido.
Ntoka ntoka muínda: Cocuyo.
Ntolá: Acana.
Ntondele: Deseo. Querer, quiero.
Ntore: Suelo.
Ntori: Tierra.
Ntótera: Una de las etnias del Congo.
Ntótila: Rey.
Ntoto: Tierra.
Ntoto Kalunga: Arena de mar.
Ntoto mabela: Tierra que tiene brujería.
Ntotoine: Júcaro.
Ntowa: Gusano que roe el cadáver.
Ntu: Inteligencia. Cabeza.

Ntu Ngombe: Cabeza del médium, caballo o Ngombe de un espíritu le llaman al individuo que cae en trance. Ver «Cabeza del médium» en sección Español-Congo.
Ntúa: Jengibre.
Ntuala: Toma.
Ntualán benso: Toma la candela.
Ntuán: Sabiduría.
Ntuchando: Cabeceando.
Ntuenda: Vender.
Ntuenda kuma kukile: Mañana por la mañana.
Ntuende malembe: Estoy bien. Saludo: ¿Qué tal; está bien?
Ntuenke: Jiquí.
Ntuero: Perejil.
Ntufa: Almagre.
Ntufe: Porquería.
Ntufi: Excremento.
Ntuka: Pestaña.
Ntuku: Saco.
Ntukuá: Grande.
Ntukufambo: Pájaro carpintero. Carpintero.
Ntukufanbo: Judío (pájaro).
Ntulu: Pecho.
Ntulu modua sita: Me duele la cabeza.
Ntulu yari yari: Dolor en el pecho.
Ntulu yela: Dolor en el pecho.
Ntumbo: Recipiente de todas formas. Botella.
Ntumbónfialo: Garrafón.
Ntunde: Corojo.
Ntunfumbe: Cabeza para muerto.
Nturi: Tabla del pecho.
Nturú: Pecho.
Ntututati kanga: Alacrán.
Ntuya: Encender, enciende. Candela, caliente.
Nua: Caimito.
Nuá: Boca.

Nuá kimpumbo: Conversador.
Nuí: Pájaro.
Nui bafiudia finda loso: Totí come campo de arroz.
Nui bobelangunga: Ruiseñor.
Nui diata nkunia munanfinda lugonda diata munansulu: Los árboles están en el campo y la luna en el cielo.
Nui gangoa muni: Paloma.
Nui Kakoma: Águila.
Nui kasa kabango bisa munantinda muna nkunia ntele wampánguila munan Sambia: Pájaro que habla, «la cotorra dice: vivo en el monte, duermo en un árbol altísimo cerca de Dios».
Nui kuani: Murciélago.
Nuí Kukuanti: Pájaro carpintero.
Nui lusanga ntare: Uñas de gavilán.
Nui lusanga yaya: Gavilán.
Nui Mambo mambo munansila: Pájaro que canta en el camino.
Nui mboaka talaya: Caraira.
Nui nibaleke: Sabanero (pájaro).
Nui ntare: Gavilán.
Nui sunsu Guangaye: Tocororo.
Nui sunsu kuni: Golondrina.
Nui sunsu nisaule: Guacamaya.
Nui susun gongoriko: Sinsonte.
Nuí susuí kongo: Bijirita.
Nui unlango úntili: Sun Sun.
Nui yolologongo nuani wapamí kamama: Zun-zun chiquito pero valiente.
Nunalusa: Vientre.
Nune: Pájaro.
Nunia masa: Voy a bañarme.
Nureongo: Cardo santo.
Nwala: Cetro del Mfumo o Padre Nganga.
Nwenga: Oreja.
Nweña: Camaleón.
Nwuanka: Gracias.

Nyibo: Dinero.
Nyimbo: Dinero.
Nyimbo mbuta: Contento, con dinero.
Nyimiriko: Ratón.
Nyubo: Cruz de Cuatro Vientos.
Nyuka: Alto.
Nyuko: Guara.
Nyumba: Mamey.
Nyunga machafio: Mamey.
Nzuko: Mono grande.

Ñ

Ñanfuiri: Murió.
Ñanga: Maduro.
Ñángara: Chusma, un cualquiera.
Ñanguí: Maduro.
Ñanka: Jubo.
Ñari: Mal, maldad, malo.
Ñioka: Jubo.
Ñoka: Culebra, jubo.
Ñuka: Jubo.

O

Oakasalele karibondé: Cimarrón que huye pedorreando.
Oboko: Hermafrodita, «hembra y macho».
Okangre: Prender, cautivar.
Okiñúa: Hoy.
Okoléle: Bueno, está bien.
Okuba: Viejos, antepasados.
Okubu: Viejo.
Okulu: Viejo.
Ombandinga: Guanábana.
Oretó: Bejuco péndola.
Osereke: Laurel.
Otokó: Hoja menuda.
Otuala: Dame.
Otuala munaya beche: Esclavo, dame un poco de...
Owungué: Guásima.

P

Padre Nganga: Palero.
Pakasa: Elefante del monte, silvestre.
Pakase lele: Cimarrón.
Pakisiame: Hermano.
Paku: Tela africana.
Pambián Nsila, Pambián sila: Encrucijada, las cuatro esquinas. Esquina.
Pana, Paná: Gran Señor. Caballero, hombre de respeto (en lengua Gangá).
Panda: Siéntate.
Pandika: Dame.
Pandilanga: Jesucristo, «nombre que tiene en Congo».
Pandinkambia: Cambio de dinero.
Pánga: Resguardo (Nombre de).
Pangamensu nguei ntiele sikamene kinini: Mira la hora en tu reloj.
Pangamensu: Mirar, mira.
Pangamiano: Zapato.
Panganga: Cuerno mágico (relleno de sustancias mágicas).
Panganiano: Zapato.
Panguá: Ateje Macho.
Panguila: Mundo.
Paniká lembo: Dame la mano.
Pankilanga: Jesucristo, «nombre que tiene en Congo».
Pankukinlanga: Jesucristo.
Panwá: Cañamazo dulce.
¡Para!: ¡Silencio!

Pasia: Cedro hembra.
Patibemba: Firma.
Patiganga: Dueño de la Nganga.
Patipolo: San Lázaro (Babalú-Ayé). Llaga, fístula.
Patukemba: Muerto.
Pelawekeka: Capataz.
Pemba: Vela de sebo.
Pemba likoso: Vapor, vaho de la tierra.
Pembe: Arcilla blanca, tiza.
Penda: Señora.
Pentóngo: Yerba cagadilla.
Pese: Cucaracha.
Pibabo: Santo congo (Un).
Pimba toca mano con siguaralla: Cuando el espíritu se despide, «Cielo, tocar la mano con el cielo».
Piti: Venado.
Plana: Médium cuando está poseído por el espíritu.
Pojitana: Galleta.
Polo: Polvo (para embrujar); ceniza. Incienso.
Polomungo: Sal.
Pomboka: Subir.
Ponda: Taza.
Pondá: Faja.
Pongo: Poderoso, fuerza misteriosa.
Ponguie: Amiga.
Porombo: Viento.
Poti: Bejuco cruz.
Potumkoro: Palo Mulato.
Pu: Ratón.
Puan Boane: Estómago.
Pukama: Hincarse de rodillas.
Puku: Ratón de barbacoa.
Puku adioyo: Guayabito.
Puku munanfinda: Ratón de monte (hurón).
Pulo: Hamaca.

Puluka: Piñón de cerca (florido).
Pumanchi: Rey.
Punga Mafula: El equivalente en congo del Dios Eleguá lucumí «que abre los caminos».
Pungu Mensu: Santo. El equivalente en congo del Dios Eleguá lucumí «que abre los caminos».
Púngui: Música.
Pungún banso: Fundamento (Nganga de un mayombero).
Pungún kulo: Santo y Hombre Ilustre Poderoso, Jesucristo.
Puro: Níspero, zapote.
Puto: Hombre blanco; güira.

R

Rivansa fumbe lombe: La Habana.

S

Saba: Jabón.
Sabrikongo lukuamambo: Embarcadero (En África).
Saki saki: Agitación, estar agitado, «corazón enfermo».
Saki saki fuá: Agonía, agonizando.
Sakri: Desprenderse.
Sakrilá: Desprenderse.
Saku saku: Cebollita que se machaca con ajo para dar olor a Nganga. Dos palos que se unen o se cruzan. Tubérculo de San Pedro.
Sakula musakula mumbansa musukun dénde tatikan sangan tibá karirí fuáyandé: Bendición. Por ejemplo, cuando se estornuda o se desea felicidad. «Que Dios lo conserve sano como plátano manzano».
Sakula musakula sakula mumbansa musukundenda tatikán sangantiba karirí fuá yande: Rezo, bendición para cuando se estornuda. «Como si dijese: salud y que Dios te ampare y te conserve como plátano manzano».
Sakula mumbansa musakula musukuenda sanga ntibá kariri fuayande: Dios te bendiga, te guarde, te libre del mal.
Sakulé, sakulé ¡olongo me picá!: Así decían los congos musunde.
Sakumali: Lavar.
Sala: Baño. Limpieza, purificación.
Salalembo: Uñas.
Salamaleko maleko nsala: Saludo (saludando).
Salamaleko: Salud.
Salanga: Trabajar, hacer algo.

Salantuá: Pies.
Salantuwa: Vago, haragán.
Sama: Brocha.
Samanu: Seis.
Samba: Llanto.
Sambandimbo: Bandera.
Sambere: Venado.
Sambi: Caimán.
Sambi Ntoto: Santo Dios en la tierra.
Sambi ukulando mbele: Castigo de Sambi.
Sambia: Dios, el Creador. Altar.
Sambia muna bembo: San Francisco.
Sambia Ntu: Brujo bueno, «que no hace brujerías malas».
Sambia ntuke: Perdón.
Sambia watuka: Dios concédeme.
Sambiampiri: Crucifijo.
Sambiampungu sulu dienso: Dios abrió la puerta del cielo.
Sambiayaya: Llanto.
Sambidilanga: Cerebro.
Sámbila Matoko: Tambor pequeño que llaman alcahuete. (Para muchos informantes **Sámbila Matoko** quiere decir: Marímbula).
Sambilán: Peleando.
Sambilé matoko: Marímbula.
Sambo: León.
Sambulán: Peleando.
Sambuori: Siete.
Samio: Gancho.
Sampakata nsao: Hueso de elefante.
Sampungo: El Diablo.
Samuna nkenda: Recuerdos.
San san: Corriendo.
Sanda: Melón. Ceiba.

Sanda naribé, Sandia nkunia naribé. Sanga fumandonga media noche Dinganguei dinga mundo Pangalám boko media tango Bobela ngungu medio tango: Canto para la Ceiba.
Sande: Jagüey.
Sandi: Coco.
Sandu: Jagüey. Coco.
Sanga mbele: Collar de hierro.
Sanga ndile: Collar.
Sanguisao: Tambor. Toque para saludar a los Reyes en los Cabildos de congos en tiempos de la colonia.
Sángula: Levantar.
Sankú: Mosquito.
Sansamó: Venado.
Sansamo risi: Venado.
Sanse: Pescado.
Sansi: Jaiba.
Sansimatoko: Guitarra y marímbula.
Sanso: Bigotes.
Santa kiambote mbari: Dios quiera.
Sao: Elefante domesticado.
Sapunto: Nacer, nació.
Saputa: Nacer, nació.
¿Saputa nguei kinani kunanbansa saputa?: ¿En qué pueblo nació?
Sarabanda: Mpungu congo asociado con Ogún, Eleguá y Ochosi. «Come» gallo y chivo. Prenda. Es un tronco, fundamento, es decir, la primera prenda o ganga que reciben los iniciados. San Pedro.
Sarakuseko: Jicotea (Hechizo compuesto con).
Saranda: Trabajo, hechizo u operación mágica que hace el Ngangulero.
Sasi nguila: Centella.
Sasi: Santa Bárbara.
Satano: Tres.
Saula nbembo Kongo: Rey del Congo.

Saulambembo Kongo: Rey del Congo.
Saulembo: Rey.
Saura: Aura Tiñosa.
Saúti: Acostado.
Saúti kuame: Acostado en la cama.
Sefú: Pelo.
Seikón: Bejuco angarilla (planta).
Sekensé: Palo Hediondo (planta).
Sekusé: Bejuco lombriz (planta).
Selo: Patilla.
Sempakata Nsao: Elefante (Testículo de).
Senga: Guataca, azadón.
Sensa: Visita.
Sense: Venado.
Sensia makuso: Pestaña.
Seré: Olvido.
Sese Mapungo: Venado.
Sésu madié si don lé mbake: Señal de la Cruz; «Como decir, por la señal de la Santa Cruz».
Sibulando: Hincarse de rodillas.
Siguiri: Cuero, látigo.
Sigüiriá dienso: Abre la puerta.
Sikama: Levántate.
Sikama Kiako: Levántate y camina.
Sikana: Sentarse o quedarse.
Sikilimambo: Escuchar.
Sikiri mato: Oír.
Sikirimato munu mboba nguei: Oye lo que hablo.
Sikirimato nguei: Oiga lo que estoy diciendo.
Sikiringoma: Fiesta.
Sikiringoma yalulendo toma siké: Canto para el Kinfíti.
Sikongo Lundebutúa: Les llamaban a los congos portugueses.
Sila: Tumba, sepultura. Calle, camino.
Sila Biokónsila: Rabo.
Sila grobe: Tres caminos.

Sila imose: Camino recto, derecho o calzada real.
Sila kiamboti: Saludo; Que le vaya bien.
Sila Loango: Camino de Angola.
Sila ñoka munan danda: Camino largo.
Silán sala: Correr.
Sima: Culebra.
Simambé: Los siete dialectos bantú que dicen los viejos que se hablan en Cuba.
Simane: Alta.
Simba: Le dicen los Mayomberos a la posesión de un espíritu. Trance. El yimbe o médium bajo la influencia de fuerza síquica, un espíritu, nganga o Nkisi. Muerto. Mellizos, «jimaguas». Dame.
Simba guana nsúnsa Mayá Kinkayá Kalunga kota Mbukadera son Muruandalo palo Monte. Kalunga mi Kalunga Muruanda: Rezo de iniciación.
Simba iembo: Dame la mano.
Simbando: Trance. El yimbe o médium bajo la influencia de fuerza síquica, un espíritu, nganga o Nkisi.
Simbanka: Tener, tiene.
Simbankisi: Jugar palo, celebrar los ritos.
Simbe simbe: Manda, manda.
Simbi: Espíritu del monte.
Simbi Nkita: Espíritu de Agua.
Simbó: Trance. El yimbe o médium bajo la influencia de fuerza síquica, un espíritu, nganga o Nkisi.
Simbo: Dinero.
Simbo diata munankutu: Dinero en el bolsillo.
Simbo kilombe: Dinero.
Simbo kongri munankutu: Dinero amarrado al bolsillo.
Simbo kunansó: Dinero en la casa.
Simbo siboaka diata munan kutu: Dinero en el bolsillo.
Simbo siboaka: Dinero guardado.
Simbongo: Dinero.
Simbu: Caracol.

Simbula kutuwa: Abre los oídos y oye.
Sindaula Andundu yembaka butanseke: Santo grande que equivale al Osain de los lucumí.
Sindaula, Sindaula dundu yembaka kutanseka: Divinidad equivalente al orisha Osain, «dueño del monte».
Sindaulo yandundu yembaka gutanseke: Santo grande de África.
Sinde: Mirar.
Síndo aí lén baki: Diablo.
¡Singa etu mungua!: Insulto: «¡tu abuelo!"
Singanga: Prenda, amuleto.
Singu: Cuchillo.
Sinonduodo mansa: Agua, confluencia de ríos, dos aguas.
Siré: Rana.
Sisi: Jutía.
Sitakeando: Siéntate.
Siwá: Arcediana.
Soé: Tonto.
Sofeka: Favor.
Sofu: Aguacate.
Sokinakua: Cementerio.
Sokinakue: Secreto. Diablo.
Solele: Si quiere. Dormir.
Sólele nsolele: Si quiere.
Sollanga: Gusano de tierra.
Sombí: Venado.
Somunan tufe: Excusado, común.
Sonfi: Majúas.
Songa: Plato. Palo Tengue.
Songalafo: Guarapo.
Songé: Hierro. Viento.
Sóngrima: Arco iris.
Songue munalanga: Fundamento (Nganga de un mayombero).
¿Sónguila kunwako?: ¿De dónde vienes?
Songuilá lumuine: Enciende vela.
Sonsé: Pescado.

Sonsi: Pescado. Biajaca.
Sonsi tiyere: Guajacón (pececillo).
Sosi: Pez. Pez grande.
Sosi yakako: Pez grande.
Soso: Mentira.
Sosulongi: Gorrión.
Soyanga: Lombríz. Mariposón. Babosa. Bichito del río, especie de culebrilla. Bichos, insectos, lombriz.
Suako: Cuarto.
Suala: Arrojar, verter.
Sualo: Casa. Mayoral, también significa trabajo.
Sualo sualo: Despacio.
Suame kaba siso: Corre, no sabe esconderse.
Suame: Correr.
Suandoke: Sabanero (pájaro).
Suantún: Me voy.
Suaveolena: Campana.
Suchúngara: Humo.
Sudame: Gallina prieta.
Sudika mambi: Adivino.
Suelo: Tambor.
Suesi: Pelo.
Suigue: Zapato.
Suikán tuei: Pegar, golpear. «te doy un golpe que te roco».
Suka: Leche.
Suke: Pelo.
Sukele: Gallina de guinea.
Suki: Almagre.
Sukre: Sal.
Súkula: Lavar.
Súkula bundi: Lavar la cara.
Súkula lele: Lavar la ropa.
Sukururio: Cielo.
Sulo temu temu. Sukururu: Cielo, estrellas.
Sulu: Cielo.

Sulu mongo kadiapembe: Loma del Diablo.
Sulu mungo mataro: Loma de piedra.
Sulu mungo muriantoto: Loma de piedra.
Sulumongo: Cumbre, loma alta.
Sulumongo maddio mafinda: Arriba de la loma.
Sulungo nkunia banso menfuri fioteke: Horno de quemar carbón.
Sumbo: Padrino. Madrina.
Sumia: Ciempiés.
Sundambasi: Sillón, mecedora.
Sundi: Gracias.
Sunga: Viene. Tabaco.
Sunga bafioto: Cigarro negro (tabaco).
Sunga mindele: Cigarro blanco.
Sunga mene: Cigarrillo.
Sungo: Cazuela.
Sungo munu diata nganga munan sungu: Tengo mi Nganga en cazuela.
Sungu: Cachimba.
Sungú: Cazuela.
Sungu nganga munu diata nganga munán sungu: Poseer una Nganga.
Sunguele: Guinea.
Sunso: Pájaro.
Sunsu kalelé: Pájaro que se llama así.
Sunsú keké: Gallo.
Sunsu kiakara: Gallina de guinea.
Sunsu kombolo: Gallo blanco.
Sunsu Mayimbe: Aura Tiñosa.
Sunsudame: Gallina negra.
Sunsuketo: Gallina.
Supinwanfungo: Avispa.
Supunwanpungo: Avispa.
Surio: Jicotea.
Suso asogua: Pavo.
Susu: Pollo o gallina enana. Pájaro blanco.

Susu Mayimbe udía Nwá: Aura Tiñosa comiendo.
Susu nampemba: Gallina blanca.
Susu Nsambia: Paloma.
Susu-nsusu yamdole: Pájaro negro.
Susukeké: Gallina.
Susumié: Aroma blanca.
Susún dialongue: Lechuza.
Susún kokoro: Gallo.
Susundamba: Lechuza. Paloma rabiche.
Susúnwawuo: Guanajo, pavo.
Susunwere: Gallo.
Susupenda: Pitirre.

T

Ta Anabuto: Padre Nganga y también monte.
Talá bandé kué yo me muere, talandí kai talandí: Así decían, en «lengua», los congos musunde.
Tá tá tá tío tío mputo: Oye, ¿dónde está la pólvora?
Taba: Hablar, voz.
Tabungo: Mandarria.
Taita Kunangan nfita: Brujo o palero.
Taita Nganga: Sacerdote, mago.
Takalunga: Tocar.
Tákula: Tirar.
Takulakongo: Engañando.
Tala: Mirar, mira. Coger. Dame.
Talabandi kué talandi: Canto de unos congos Musunde.
Talafuá: Muerto.
Talatango: Quita sol.
Tale simbo: Coger dinero.
Talekendo: Durmiendo.
Tamán yémbere yanbí yallamao: Menea la cabeza.
Tambe: Pies.
Tambení: Sí, afirmación.
Tambi: Velorio.
Tamboka: Subir.
Tambuame: Trampa.
Tambuame nkumbe nkunia munanfinda: Trampa para coger a la jutía en el árbol dentro del monte.
Tambula: Tomar.

Támbula: Dame, dar. Mosca.
Tambuyere: Regular, así así.
Tanánarube: Pueblo del Congo.
Tanda: Lengua. Cruz. Cama.
Tándala: Secretario.
Tandu: Lengua.
Tanfuta: Pólvora.
Tanga: Manto, pañoleta.
Tanga nkanda: Lee la carta.
Tangan nkunia: Columna de madera.
Tango: Girasol. Tiempo. Sol.
Tango alemba susumdamba: Sol sorprendió a la lechuza.
Tango alentama: Sol caliente alumbra.
Tango bonansisa: Las estrellas.
Tángo dilansó: Luna.
Tango isa munansulu: Sol en el cielo.
Tango Isa: Madrugada, sale el sol.
Tango kuisa: Sol se fue.
Tango moana fuiri lurié: Muerto, el muerto no vuelve.
Tango ntoto: Sol sobre la tierra.
Tango sika mene: Doce del día.
Tango ya gondá: Hermanos cuando duermen.
Tango yorú: Tres.
Tangu Bulukoko: Tarde, por la tarde.
Tangui: Sol.
Tankoyakalén wisinkángala ndiambo: Invocación, canto «mambo», para llamar al espíritu.
Tano yorú: Tres.
Tanu: Cinco.
Tapa kari Dundu malo: Cuando se va a hablar con la prenda, indica que se callen.
Tata: Padre.
Tata Funde: San Lázaro.
¿Tata kabula laso?: ¿Dónde está la soga?
Tata Kilongo: Espíritu, divinidad -Mpungu- de los Vientos.

Tata kuí Kimanfinda: Padre del Misterio.
Tata kuisa: «El viejo se fue».
Tata Kunangán Nfita: Nombre del brujo.
Tata Lubuisa bafungo bakongo guadia bando: «El Diablo está acabando con el mundo».
Tata Lubuisa munu bafunga ma kongo guadia mundu: «Yo soy el Diablo que acaba con el Mundo».
Tata Lubuisa: El Diablo.
Tata Nganga: Brujo. Ver «Brujo» en sección Español-Congo.
Tata Nkisa: Sacerdote, mago.
Tata nso butuka: Volver a casa Papá.
Tata solelé lembaka sokembe luñeñe suati kuame munu nsunga Nsambia luñene: Canto de cuna: «duérmete niñito para que subas al cielo a llevarle tabaco a Nsambi».
Tata wamba: Muertos, antepasados.
Tata Wamba: Viejos, Taitas.
Tata Wánga: Brujo.
Tatalango: Paraguas, quita sol, sombrilla.
Tatando: Padre.
¿Tatatá?: ¿Dónde está?
Tati: Pegar.
Tatimusinga ngombe: Pegarle al buey.
Tatu: Tres. Cuatro.
Tatú: Piojo.
Tauo: Dos.
Tekele: Nieto (Mi).
Telampolo munu Kalunga: Arena de mar.
Temboakala: Sabanero (pájaro).
Temu temu: Estrellar.
Tendá: Grillo.
Tenda Matenda Tendela: Adivinando, pronosticando.
Teosé: Dagame (árbol).
Tereguamá: Guamá de costa.
Teremelí: Ven acá.
Tete apembe: Palo Hueso.

Tete munanfune: Orinal.
Tetemboa: Estrellas.
Tetenboa: Lucero.
Tetendía Maka: Estrellas.
Teténwanga: Estrellas.
Tiakola: Pitirre.
Tiama: Planta, matojo.
Tiba: Plátano guineo.
Tié tié: Pajarito parecido al tomeguín de Guinea y a la bijirita, «muy poderoso en brujería».
Tié tié boanga kulundu boanga mune: Tomeguín dice, soy el más valiente de los pájaros.
Tié Tié Budibú: San Pedro.
Tié tié kukú boanga: Tomeguín.
Tikantiká: Madrina de Palo o de Nganga.
Tikorón: Flor de agua.
Timatuma: Corazón.
Timba: Amar, amarse.
Timbé: Fornicar. Coquetear, acariciarse, hacer el amor.
Tinso: Siguaraya.
Tiotio mputo: Pólvora.
Tise: Yeso de pintar.
Titi: Basura.
Titi mensu: Adivinar (fijando la vista en un espejo mágicamente preparado).
Titiankol: Pitirre.
Titilango: Batea.
Toalalango: Agua.
Tolá: Acana.
Tolerí: Arroz.
Tombón kolo kukiangola: Indignación.
Tondá: Simpático, agradable.
Tondele: Gracias.
Tondele kuame, Tondele kuamo: Perdón.

Tondele tende lekuame: Muerto estoy, «donde quiera que voy, voy muerto».
Tondoló kuame: Falleció.
Tongo: Bastón de San Francisco.
Tonjei: Azucena.
Tontila: Allá.
Topia: Acacia.
Tore: Suelo.
Tori samabi: Santos del cielo (El conjunto de).
Totelán simbo: Dichoso.
Totele: Uno de los tres reyes africanos. (Los otros dos: **Guriako** y **Makatenda**).
Totínwa: Estrellar.
Toto: Tierra.
Toto inteka: Tierra mojada.
Totoi: Canutillo.
Totokongo: Jía blanca.
Toyenkén: Guano blanco.
¿Tu kaise ngueito?: Saludo: ¿Cómo está?
Túa: Jengibre.
Tuala: Dame.
Tuale lango: Laguna.
Tualengo: Gato.
Tuán: Sabiduría.
Tuanga: Almendro.
Tuango: Almendro.
Tuansó: Aguinaldo blanco.
Tuaré tuaré: Vaya, vaya...
Tubelanga: Enfermo.
Tubelanga fuá fuánga: Los enfermos tienen que morir.
Tubia Nsembi: Rayo.
Tubisián Sambia bisa munansulu: Dios que vive en el cielo.
Tudia tuyukuete: Comer bien.
Tudidí: Camino, trillo.
Tuenda: Vender.

Tuenda chakueto: Vamos a la cama.
Tuenda kumakukei: Mañana por la mañana.
Tufa: Almagre.
Tufé: Porquería, materia fecal. Excremento.
Tufi: Excremento. Basura.
Tufiolo: Café.
Tufiro: Porquería.
Tui bangala: Objeto; «una cosa, algo que está flojo y suena».
Tui kamasinda: Floja (una cosa floja y que suena).
Tuí kabalangá: Flojo, blando.
Tuimini: Pronto.
Tukaise nguei: Buenos días.
Tukenguei ntuke: Dios perdóname.
Tukuenda: Ir andando. Entender, entendido.
Tukuenda komba sese: Donde quiera que vayas limpia (Se dice al limpiar con la pólvora, al ejecutar un rito).
Tulanwóma: Yugo.
Tulu: Pecho.
Tuma: Mandar.
Tumalongodia ntu: Quiero.
Tumbo: Recipiente de todas formas.
Tumbrinfialo: Guiro grande.
Tuñé makondo: Mango.
Tungrí ámbola tufiolo: Hacer café, haz café.
Tungrí inso: Construir una casa.
Tungrí kamatuya: Hacer, fabricar.
Tungrí munanso: Construir una casa.
Tunguí kimbi melanié: «Haga kimbisa pa que beba la gente», dicen los paleros.
Tunkanso: Lirio.
Tuola: Pimienta.
Turu: Pecho. Tabla del pecho.
Tusiama: Fuerte, sano.
Tuto: Oreja.

Tuya: Luz (en lengua de los congos Mumboma). Encender, enciende.

U

Ufadang: Pato
Udi: Comer.
Udia: Comer, comida.
Udia kanda: Que come papeles.
Ukana menga: Sangre que beben los mpangui o hermanos de un mismo Nso de Nganga.
Umano: Muchacho.
Umpolo: Tina.
Umpulu: Tina.
Unano: Muchacho.
Undián: Comer.
Unikongo dibuká marioko marioko makupondo. Ntala mbala makupondo unikongo dibuká unikongo dibuká. Nsuso nsuso makuponda unikongo dibuká Ngombe ngombe makuponde: Canto de una historia que tiene por protagonistas al hijo del Diablo y al hijo de Dios.
Untongo: Ratón.
Unyé Finda mpimpa: Monte oscuro; «la oscuridad se tragó la luna».
Uria: Comida.
Urria, uria: Comer.

V

Vichichi: Yerbas. Toda clase de yerbas. Brujería, basura.
Vichinche: Brujería, basura.
Viejo Tondá: San Francisco.
Villumba: Caldero de hierro, trabaja con muerto.
Vitite: Brujería.
Vititi: Yerba.
Vititi Mensu, Vititi menso: Espejo. Mirar el Mpambia o Taita Nganga en el espejo mágico. Adivinar (fijando la vista en un espejo mágicamente preparado).
Vititi nkobo: Adivinar con caracoles o conchas de mar. Mirar (adivinar) por medio de los caracoles. El gangulero de puro Palo Monte no lo usa para adivinar. Para eso tiene el Espejo.
Vititingo ven acá alándoki: Oficiando el congo.
Vriyumba: Espíritu «de muerto y de bichos"; prenda de muerto. La fuerza que actúa en el mágico recipiente.
Vrykolakas: «Los Juegos, actualmente, (llaman así) a un ente judío» de piel negra.

W

Wa mambo: Hablo, voy a hablar.
Waba: Aguardiente.
Wafamensu: Ciego.
Wákara: Palillos que acompañan a los tambores.
Wakiako: Aprisa, ir de prisa.
Wakibanga: Palo Aguedita.
Wákila: Relámpago.
Walabia: Tambor, toque de tambor yuca antiguo.
Walenga: Prueba.
Walona Mpolo: Brujería.
Walube: Cazador.
Walube basubán kele busa bondá: Cazador, dispara el tiro de la escopeta y mata.
Wamakara: Llanura, sabana.
Wamba: Viejo.
Wambila: Anguila.
Wambo yayén dile: No sabe nada, es un bruto.
Wampila: Ajonjolí.
Wanabalo: Gallina.
Wanambolo: Gallina.
Wanango: Árbol del cuerno.
Wanasiku: Negro de confianza.
Wandi: Madre.
Wandó: Calaguala.
Wanfuto: Cubano. Criollo.
Wánga: Energía, poder.

Wanga bangambi mpolo wabí: Polvo para hechizar, hacer daño, desbaratar.
Wángala: Gavilán.
Wangankisi: Mayordomo (auxiliar del Padre Nganga). Amuleto.
Wángara: Bulla. Algarabía, guerra.
Wanguere wanguere tu ñaré. Buenas noches Siete Rayos, ya tiene Padre, ya tiene Mare, ya Sambiampunga te da licencia. Licencia Sambi kaputu mani, ya wiri ndinga amarra sarakanga makuto makuto mpulu que Sambiampunga te dé licencia. E vira sara víralo vira mayimbe: Rezo para llamar al espíritu (un Siete Rayos).
Wankabilunga: Guayaba.
Wánkala: Ganso.
Wankasí: Amigo.
Wánkila: África.
Wansi: Bofe.
Wansila: Ajonjolí.
Wanyeré wánguere, Yémbe awán yeré sánguereré: Llamando a Baluandé, la Virgen de Regla.
¡Waó!: ¡Silencio!
Wariabonda: Tierno, blando.
Wariata Makatendi: Príncipe.
Wasanga: Bulla, «bullanga».
Wasángara, Wasangará: Rebullicio, bulla, desorden.
Watá: Jícara.
Wataba: Tambor, toque de tambor yuca antiguo.
Watoko: Chiquillo.
Wáwaba: Lindo, bueno. Bonito.
Wawankisa Nsualo Mambi: Ayudante o Mayordomo del Padre Nganga.
Wawankó: Tambor. Toque antiguo de rumba. (Ver «tambor» en la sección Español-Congo).
Wéke: Güira cimarrona.
Wemba: Brujería. Miel. Se dice wemba por cariño.
Wéña: Iguana.

Wenda kiako: Andar, ir.
Wenda kuako: Márchense.
Wenda suiba: Voy a comprar.
Wenga: Oreja. Bibijagüero.
Wengo: Guataca, azadón.
Wengue: Sábado.
Wénputo: Ratón.
Weyo: Cualquiera.
Wiri: Oír, oye
Wiriko: Despierto.
Wiro mato: Tiempo malo.
Wobengamo: Saludo; Buenos días.
Wuaka: Abrir.
Wuamina: Comer.
Wuanda: Venga.
Wuángala: Gavilán.
Wuangankise: Collar protector.
Wuanka: Gracias.
Wuánkala: Jícara.
Wuankiki: Saber; yo sé.

Y

Ya kumbé: Murió.
Yaí: Perdón.
Yaití: Árbol, «Un árbol Ndoki que envenena, ciega, llaga al enemigo». Espíritu, duende, maleficio. Sirve para llagar y envenenar. Ciega a un enemigo.
Yakala: Marido. Hombre.
Yakala di ndoki: Hombre malvado, brujo.
Yakara: Hombre. Marido.
Yakara makande: Viejo, hombre y mujer viejos.
Yákara moana: Iniciado, «rayado», neófito.
Yakara muane mpangarian lukamba nfinfa ntoto: Hombre que estuvo enterrado en el cementerio.
Yakara sadi: Cuñado.
Yakaragundi: Matrimonio.
Yakato: Alumbrado.
Yakoko: Todos reunidos.
Yakoto: Admirar, admirado.
Yakuma nkiri: Día, ya es de día.
Yalangá nguei: Adelante, entre.
Yalanwá munansula: Nubes.
Yalemba: Lejos.
Yaloso: Arroz.
Yalumbo di moana nkento: Mano de mujer.
Yamakara: Pantera.
Yamasa: Agua.
Yambé keré: Gallinita, pollito.

Yambekeré: Pollo o gallina enana.
Yambisa: Enamorado, enamorar.
Yamboaki: Indio.
Yandobe: Negro.
Yandombe: Negro.
Yaneka: Cosa mala.
Yankololo: Guacamaya amarilla.
Yankuni: Marica.
Yányara: Enfermo.
Yaola: Podrido.
Yaola: Piñón Botijo. Cosa podrida.
Yarayé: Ciempiés.
Yari: Dos. Madre. Enfermo, estoy enfermo.
Yari yari: Enfermedad.
Yaroka: Hombre.
Yasín galoaba: Hilo, era de corojo.
Yaya: Madre. Canto. Ver «Canto» en sección Español-Congo.
Yaya wanga: Fundamento (Nganga de un mayombero).
Yayanká: Bejuco San Pedro.
Yaye: Amiga.
Yayé: Querida.
Yegueré: Compuesto, brebaje.
Yeka: Tranquilo.
Yeka yeka muana: Cálmate, tranquilízate.
Yela: Dolor. Malo.
Yela batadiame: Tierra, la Tierra.
Yele: Duele.
Yele lén búngue: Mi tierra es la más rica. Congo Real.
Yeleleu bungue: Rica, la más rica de mi tierra.
Yemba: Enfermedad. Funeraria.
Yembe: Paloma.
Yembe diampembeo wampembe: Paloma blanca.
Yembe diandobi: Paloma negra.
Yembe Mbricha: Paloma rabiche.

Yembe wanyere wangueré wangrí: Rezo para pedirle a la Virgen de Regla que llueva.
Yembe wanyere wanguerre wangrí: Llamando para que llueva después de sembrar.
Yembe yamboaki: Paloma carmelita.
Yembe yandombe: Paloma negra.
Yemberekén: Espíritu.
Yemberenguén: Andar de un lado a otro, sin rumbo fijo.
Yémbila: Caña brava.
Yembo: Enfermedad.
Yembú: Fuerte, recio.
Yen yen: Valiente.
Yenda kumbansa: Infierno.
Yenga: Palma verde.
Yengueré: Madre de Agua.
Yensala: Uña.
Yenyé: Cuje.
Yenyén kitán: Hombre valiente.
Yera: Estoy. Enfermo, estoy enfermo.
Yerebita: Babosa.
Yereketé: Guamá de costa.
Yereré banda banda: Guineos en bandadas.
Yereré: Guineos.
Yereréganga sanga kimbimbí: Pareja de guineos.
Yesi: El número uno (1). Hueso.
Yeweña: Madrina.
Yayé, yeyé: Amiga. Madre.
Yilá: Mal, maldad, malo. Salud.
Yilo: Rayo. Flecha.
Yimbi: Caballos, médiums, portavoz de un espíritu. Espíritu del monte. Y se dice del médium cuando se encuentra en trance.
Yímbila: Canto, cantando cantos a la Nganga.
Yimbilán: Canto, cantando cantos a la Nganga.
Yimbira, vamo, un poco yimbiraa. Ahora vamo a jugá: Practicar el rito mágico.

Yimbirá: Jugar palo, oficiar el Nganga.
Yimbirar: Practicar el rito.
Yimbis: Perro (médium).
Yimbo: Copalillo.
Yiwere: Agua compuesta sin mancaperro.
Yo tóndele kuamé: Estoy muerto donde quiera que voy.
Yolé: Dos (2).
Yongo kuamo: Palmiche.
Yongoso: Girasol.
Yonyolé: Bejuco Cuba.
Yosa: Botar, tirar.
Yuala: Pala.
Yuka: Tambor para bailar y divertirse los congos en fiestas profanas.
Yukula: Caoba.
Yumba: Mamey.
Yumbé: Ají guaguao.
Yunkawa: Guayacán.

OTROS LIBROS PUBLICADOS POR EDICIONES UNIVERSAL

COLECCIÓN DEL CHICHEREKÚ
(Obras de Lydia Cabrera)

009-7	EL MONTE (Igbo Finda/Ewe Orisha/Vititi Nfinda)
010-0	AYAPÁ (CUENTOS DE JICOTEA) (cuentos negros)
395-9	ANAGÓ, VOCABULARIO LUCUMÍ (El Yoruba que se habla en Cuba.)
396-7	REGLA KIMBISA DEL SANTO CRISTO DEL BUEN VIAJE
397-5	OTÁN IYEBIYÉ (LAS PIEDRAS PRECIOSAS en la tradición afrocubana)
398-3	REGLAS DE CONGO. PALO MONTE-MAYOMBE
410-6	LA SOCIEDAD SECRETA ABAKUÁ
433-5	SUPERSTICIONES Y BUENOS CONSEJOS
434-3	LOS ANIMALES Y EL FOLKLORE DE CUBA
488-2	LA LENGUA SAGRADA DE LOS ÑÁÑIGOS (Vocabulario Abakuá)
637-0	KOEKO IYAWÓ: APRENDE NOVICIA (Pequeño tratado de Regla Lucumí)
654-0	CONSEJOS, PENSAMIENTOS Y NOTAS DE LYDIA E. PINBAN (Ed. de Isabel Castellanos)
671-0	CUENTOS NEGROS DE CUBA
673-7	LA LAGUNA SAGRADA DE SAN JOAQUÍN
708-3	VOCABULARIO CONGO (EL BANTÚ QUE SE HABLA EN CUBA) / CONGO-ESPAÑOL / ESPAÑOL-CONGO (Ed. de Isabel Castellanos)
733-4	PÁGINAS SUELTAS (Ed. de Isabel Castellanos
761-X	YEMAYÁ Y OCHÚN (Kariocha, Iyalorichas y Olorichas)
762-8	MEDICINA POPULAR DE CUBA (médicos de antaño, curanderos, santeros y paleros de hogaño. Hierbas y recetas)
763-6	CUENTOS PARA ADULTOS NIÑOS Y RETRASADOS MENTALES
778-4	ANAFORUANA (Ritual y símbolos de la iniciación en la sociedad secreta Abakuá. Con dibujos rituales de la propia autora)
	REFRANES DE NEGROS VIEJOS

7	FRANCISCO Y FRANCISCA (chascarrillos de negros viejos)
8	POR QUÉ (cuentos negros)
9	ITINERARIOS DEL INSOMNIO (Trinidad de Cuba)
195	SIETE CARTAS DE GABRIELA MISTRAL A LYDIA CABRERA
92-3	ARERE MAREKÉN / CUENTO NEGRO, Lydia Cabrera / Ilustrado a todo color por Alexandra Exter

OBRAS SOBRE LYDIA CABRERA:

088-7	IDAPÓ (sincretismo en cuentos negros Lydia Cabrera), Hilda Perera
101-8	AYAPÁ Y OTRAS OTAN IYEBIYÉ DE LYDIA CABRERA, Josefina Inclán
191-3	HOMENAJE A LYDIA CABRERA (estudio sobre Lydia Cabrera y temas afroamericanos), Reinaldo Sánchez y José A. Madrigal, editores.
389-4	LOS CUENTOS NEGROS DE LYDIA CABRERA, Mariela Gutiérrez
432-7	EN TORNO A LYDIA CABRERA (colección de ensayos sobre Lydia Cabrera y temas afroamericanos), Edición de Isabel Castellanos y Josefina Inclán
444-0	MAGIA E HISTORIA EN LOS "*CUENTOS NEGROS*","*POR QUÉ*" Y "*AYAPÁ*" DE LYDIA CABRERA, Sara Soto
535-8	EL COSMOS DE LYDIA CABRERA: Dioses, animales y hombres, Mariela Gutiérrez

Libros publicados por Ediciones Universal en la
COLECCIÓN ÉBANO Y CANELA:
(temas afroamericanos)

052-6	INICIACIÓN A LA POESÍA AFRO-AMERICANA, Oscar Fernández de la Vega & Alberto N. Pamies
053-4	LOS NEGROS BRUJOS, Fernando Ortiz
088-7	IDAPÓ (sincretismo en cuentos negros L.Cabrera), Hilda Perera
099-2	MÚSICA FOLKLÓRICA CUBANA, Rhyna Moldes
101-8	AYAPÁ Y OTRAS OTAN IYEBIYÉ DE LYDIA CABRERA, Josefina Inclán
191-3	HOMENAJE A LYDIA CABRERA Reinaldo Sánchez y José A. Madrigal, (ed.)
204-0	LOS SECRETOS DE LA SANTERÍA, Agún Efundé
236-7	PATAKI, Julio García Cortez
237-5	LA POESÍA AFROANTILLANA, Leslie N. Wilson
322-3	EL SANTO (LA OCHA), Julio García Cortez
341-X	PLÁCIDO, POETA SOCIAL Y POLÍTICO, Jorge Castellanos
389-4	LOS CUENTOS NEGROS DE LYDIA CABRERA, Mariela Gutiérrez
432-7	EN TORNO A LYDIA CABRERA, Isabel Castellanos & Josefina Inclán (ed.)
444-0	MAGIA E HISTORIA EN LOS *"CUENTOS NEGROS"*,*"POR QUÉ"* Y *"AYAPÁ"* DE LYDIA CABRERA, Sara Soto
468-8	IBO (YORUBAS EN TIERRAS CUBANAS), Rosalía de la Soledad & M.J. San Juan
463-7	CULTURA AFROCUBANA I, Isabel Castellanos y Jorge Castellanos
506-4	CULTURA AFROCUBANA II, Isabel Castellanos y Jorge Castellanos
507-2	CULTURA AFROCUBANA III, Isabel Castellanos y Jorge Castellanos
618-4	CULTURA AFROCUBANA IV, Isabel Castellanos y Jorge Castellanos

663-X	CULTURA AFROCUBANA V, Isabel Castellanos y Jorge Castellanos
528-5	LOS NIETOS DE FELICIDAD DOLORES, Cubena
535-8	EL COSMOS DE LYDIA CABRERA: Dioses, animales y hombres, Mariela Gutiérrez
582-X	AFRO-HISPANIC LITERATURE:AN ANTHOLOGY OF HISPANIC WRITERS OF AFRICAN ANCESTRY, Ingrid Watson Miller
593-5	BLACK CUBENA'S THOUGHTS, Elba Birmingham-Pokorny
634-6	LA AFRICANÍA EN EL CUENTO CUBANO Y PUERTORRIQUEÑO, María Carmen Zielina
635-4	DENOUNCEMENT AND REAFFIRMATION OF THE AFRO-HISPANIC IDENTITY IN CARLOS GUILLERMO WILSON'S WORKS, Elba Birmingham-Pokorny
674-5	DECODING THE WORD: NICOLÁS GUILLÉN AS MAKER AND DEBUNKER OF MYTH, Clement A. White
691-5	LO AFRONEGROIDE EN EL CUENTO PUERTORRIQUEÑO, Rafael Falcón
736-9	ACERCAMIENTO A LA LITERATURA AFROCUBANA, Armando González-Pérez
758-X	AN ENGLISH ANTHOLOGY OF AFRO-HISPANIC WRITERS OF THE TWENTIETH CENTURY, Elba D. Birmingham-Pokorny
788-1	CRITICAL PERSPECTIVES IN ENRIQUE JARAMILLO-LEVI'S WORK (A COLLECTION OF CRITICAL ESSAYS), Edited and with an Introduction by Elba D. Birmingham Pokorny
827-6	COMMON THREADS: THEMES IN AFRO-HISPANIC WOMEN'S LITERATURE, Clementina R. Adams
909-4	CUBA Y BRASIL: ETNOHISTORIA DEL EMPLEO RELIGIOSO DEL LENGUAJE AFROAMERICANO, William W. Megenney

OTROS LIBROS DE TEMAS AFROAMERICANOS EN DISTRIBUCIÓN:

007-0	POESÍA NEGRA DEL CARIBE, Hortensia Ruiz del Vizo
008-9	BLACK POETRY OF THE AMERICAS, Hortensia Ruiz del Vizo
104	LA RELIGIÓN AFROCUBANA, Mercedes Sandoval
106-9	LA OBRA POÉTICA DE EMILIO BALLAGAS, Rogelio de la Torre
153-0	LA POESÍA NEGRA DE JOSÉ SÁNCHEZ-BOUDY, René León
243-X	LOS ESCLAVOS Y LA VIRGEN DEL COBRE, Leví Marrero
0715-X	HISTORIA DE UNA PELEA CUBANA CONTRA LOS DEMONIOS, Fernando Ortiz
82-9	LOS INSTRUMENTOS DE LA MÚSICA AFROCUBANA (2 vols.), Fernando Ortiz
18-1	LA AFRICANÍA DE LA MÚSICA FOLKLÓRICA DE CUBA, Fernando Ortiz
21-1	LOS BAILES Y EL TEATRO DE LOS NEGROS EN EL FOLKLORE DE CUBA, Fernando Ortiz

Otros libros publicados en la
COLECCIÓN CLÁSICOS CUBANOS

1) 011-9   ESPEJO DE PACIENCIA, Silvestre de Balboa
(Edición de Ángel Aparicio Laurencio)
2) 012-7   POESÍAS COMPLETAS, José María Heredia
(Edición de Ángel Aparicio Laurencio)
3) 026-7   DIARIO DE UN MÁRTIR Y OTROS POEMAS,
Juan Clemente Zenea (Edición de Ángel Aparicio Laurencio)
4) 028-3   LA EDAD DE ORO, José Martí
(Introducción de Humberto J. Peña)
5) 031-3   ANTOLOGÍA DE LA POESÍA RELIGIOSA DE LA AVELLANEDA, (Gertrudis Gómez de Avellaneda)
Florinda Álzaga & Ana Rosa Núñez (Ed.)
6) 054-2   SELECTED POEMS OF JOSÉ MARÍA HEREDIA IN ENGLISH TRANSLATION, José María Heredia
(Edición de Ángel Aparicio Laurencio)
7) 140-9   TRABAJOS DESCONOCIDOS Y OLVIDADOS DE JOSÉ MARÍA HEREDIA,
(Edición de Ángel Aparicio Laurencio)
8) 0550-9   CONTRABANDO, Enrique Serpa
(Edición de Néstor Moreno)
9) 3090-9   ENSAYO DE DICCIONARIO DEL PENSAMIENTO VIVO DE LA AVELLANEDA (Gertrudis Gómez de Avellaneda),
Florinda Álzaga & Ana Rosa Núñez (Ed.)
10) 0286-5   CECILIA VALDÉS, Cirilo Villaverde
(Introducción de Ana Velilla) /coedición Edit. Vosgos)
11) 324-X   LAS MEJORES ESTAMPAS DE ELADIO SECADES
Eladio Secades
12) 878-0   CUCALAMBÉ (DÉCIMAS CUBANAS), Juan C. Nápoles Fajardo
(Introducción y estudio por Luis Mario)
13) 482-3   EL PAN DE LOS MUERTOS,
Enrique Labrador Ruiz
14) 581-1   CARTAS A LA CARTE, Enrique Labrador Ruiz
(Edición de Juana Rosa Pita)
15) 669-9   HOMENAJE A DULCE MARÍA LOYNAZ.
Edición de Ana Rosa Núñez
16) 678-8   EPITAFIOS, IMITACIÓN, AFORISMOS, Severo Sarduy
(Ilustrado por Ramón Alejandro. Estudios por Concepción T. Alzola y Gladys Zaldívar)
17) 688-5   POESÍAS COMPLETAS Y PEQUEÑOS POEMAS EN PROSA EN ORDEN CRONOLÓGICO DE JULIÁN DEL CASAL.
Edición y crítica de Esperanza Figueroa

18) 722-9   VISTA DE AMANECER EN EL TRÓPICO,
             Guillermo Cabrera Infante
19) 881-0   FUERA DEL JUEGO, Heberto Padilla
             (Edición conmemorativa 1968-1998. Poemas y documentos.)
20) 906-X   MARTÍ EL POETA (Poesías completas), José Martí
             (Edición y estudio de Ricardo R. Sardiña)
21) 826-8   HOMENAJE A EUGENIO FLORIT
             (Edición de Ana Rosa Núñez, Rita Martín y Lesbia de Varona)
22) 947-7   LA EDAD DE ORO, José Martí
             (Edición crítica por Eduardo Lolo)
23) 964-7   LA EROSIÓN DEL TIEMPO. ENSAYOS CUBANOS,
             Gastón Baquero / Edición de Alberto Díaz Díaz

www.ingramcontent.com/pod-product-compliance
Lightning Source LLC
Chambersburg PA
CBHW031409290426
44110CB00011B/313